사사기

일러두기 ● 이 교재는 《박영선의 다시 보는 사사기》에서 채택한 본문으로 구성되었습니다.
● 이 교재에서는 개역개정판 성경을 인용하였습니다.
● 성경을 인용할 때, 절의 전체를 인용한 경우에는 큰따옴표(" ")로,
절의 일부를 인용한 경우에는 작은따옴표(' ')로 표기하였습니다.
● 본문에 《 》로 표기된 것은 도서를, 〈 〉로 표기된 것은 작품을 가리킵니다.

성경공부 시리즈 111

사사기

2022년 3월 11일 초판 1쇄 인쇄
2022년 3월 25일 초판 1쇄 발행

지은이 박영선
기획 강선, 박병석, 안성희, 윤철규, 최충만
편집 문선형, 정유진
디자인 잔
제작 강동현
경영지원 김내리
펴낸이 최태준
펴낸곳 남포교회출판부
주소 서울특별시 송파구 올림픽로 4길 17, A동 301호
홈페이지 www.facebook.com/lampbooks **전화** 02 - 420 - 3155 **팩스** 02 - 419 - 8997
등록 2014. 2. 21. 제2014 - 000020호
ISBN 979 - 11 - 87506 - 85 - 0 03230

무근검은 남포교회출판부의 새로운 이름입니다.
무근검은 '하나님의 영광은 무겁고 오래된 칼과 같다'라는 뜻입니다.

성경공부 시리즈 111

사사기

JUDGES 01 – 21

The Book
of Judges

박영선 지음

무근검

들어가는 말

이 책은 남포교회 구역 모임을 위해 준비한 교재입니다. 박영선 목사의 사사기 강해 설교집인 《다시 보는 사사기》를 저본으로, 신앙생활에서 잊지 말아야 할 가르침과 교회 생활을 하며 함께 생각해 보아야 할 점들을 염두에 두고 열한 장을 가려 뽑았습니다. 사사기를 더 깊이 공부하기를 원하는 분은 위의 설교집을 읽으면 도움이 될 것입니다. 이 공부를 통해 신앙의 핵심을 되새기고 더욱 풍성한 교회 생활을 누리기를 바랍니다.

차례

가나안_
삶의 조건

1 여호수아가 죽은 후에 이스라엘 자손이 여호와께 여쭈어 이르되 우리
가운데 누가 먼저 올라가서 가나안 족속과 싸우리이까 **2** 여호와께서 이
르시되 유다가 올라갈지니라 보라 내가 이 땅을 그의 손에 넘겨 주었노
라 하시니라 **3** 유다가 그의 형제 시므온에게 이르되 내가 제비 뽑아 얻
은 땅에 나와 함께 올라가서 가나안 족속과 싸우자 그리하면 나도 네가
제비 뽑아 얻은 땅에 함께 가리라 하니 이에 시므온이 그와 함께 가니
라 **4** 유다가 올라가매 여호와께서 가나안 족속과 브리스 족속을 그들의
손에 넘겨 주시니 그들이 베섹에서 만 명을 죽이고 **5** 또 베섹에서 아도
니 베섹을 만나 그와 싸워서 가나안 족속과 브리스 족속을 죽이니 **6** 아
도니 베섹이 도망하는지라 그를 쫓아가서 잡아 그의 엄지손가락과 엄지
발가락을 자르매 **7** 아도니 베섹이 이르되 옛적에 칠십 명의 왕들이 그
들의 엄지손가락과 엄지발가락이 잘리고 내 상 아래에서 먹을 것을 줍더
니 하나님이 내가 행한 대로 내게 갚으심이로다 하니라 무리가 그를 끌
고 예루살렘에 이르렀더니 그가 거기서 죽었더라 (삿 1 : 1 – 7)

01

사사기의 설정

사사기를 이해하려면 사사기의 설정, 곧 이야기의 전제가 무엇인지 알아야 합니다. 1장에 나오는 대로 사사기의 설정은, 이스라엘 백성이 하나님의 구원과 인도를 받아 약속의 땅에 들어갔다, 애굽의 노예로 살던 이스라엘 백성은 이제 자유인이 되어 처음으로 선택이라는 것을 하게 되었다, 라는 것입니다. 그렇게 자유롭게 선택하여 일어난 결과가 사사기에 기록되어 있습니다.

이와 함께 염두에 두어야 할 것은 사사기가 역사서라는 점입니다. 사사기는 실제로 벌어진 일 곧 역사를 기록한 책입니다. 그래서 사사기를 읽을 때는 역사서를 읽듯 출애굽 이후 이스라엘 후손들은 어떻게 살았는가, 홍해를 건너고 만나를 먹으며 사십 년 광야 생활을 경험한 이들의 후손은 약속의 땅에서 어떻게 살았는가 하고 질문하면서 본문을 좇아가야 합니다. 이스라엘 사람들은 도대체 왜 이럴까, 왜 이렇게 못난 짓만 반복할까 하는 비난부터 한다면 섣부른 판단을 내릴 수 있습니다.

특히 사사기의 설정으로 전제된 이스라엘 백성의 자유와 선택이 어떤 결과를 초래하였을까 하는 점을 주목해서 살펴봐야 합니다. 앞으로 구체적으로 확인하게 되겠지만, 이스라엘 백성은 하나님의 약속을 잊고 명령을 어긴 채 가나안 원주민들을 쫓아내지도 진멸하지도 못합니다.

이런 역사적 사실 앞에서 우리는, 하나님은 왜 가나안을 진멸하라고 하시는가, 이 명령에 이스라엘 백성은 왜 순종하지 않는가, 이런 불순종은 이스라엘에게 어떤 결과로 나타나는가 하는 질문을 던지게 됩니다. 이런 질문 없이, 이스라엘 백성은 이제 마음껏 하나님의 백성으로 살 자유가 생겼는데도 왜 순종하지 못하는가, 나라면 안 그럴 텐데, 하며 분노하고 비난한다면 사사기를 제대로 읽어 낼 수 없습니다.

하나님의 보편적 정의

사사기를 읽을 때 우리 마음에 먼저 떠오르는 생각은 이런 질문일 것입니다. '하나님은 왜 이스라엘만 편애하시고 가나안 족속은 어린아이조차 남겨 두지 말고 진멸하라고 명령할 정도로 미워하시는가. 그리고 이스라엘이 가나안 족속들을 좀 남겨 둔 것이 뭐 그리 큰 잘못인가.' 이런 질문에 대해 사사기가 주는 답을 먼저 정리해 봅시다.

가나안 족속을 진멸하라는 명령은 하나님의 사랑에서 외면당한 어느 민족을 이스라엘을 위하여 억울하게 희생시키겠다는 의도에서 나온 것이 아닙니다. 앞으로 사사들의 이야기를 구체적으로 다루면서 이 명령의 의미를 자세히 살펴보겠지만, 이 명령에는 하나님이 인류 모두에게 보편적 정의를 이루기 원하신다는 의미가 담겨 있습니다.

하나님은 이스라엘만을 구원하시려는 것이 아닙니다. 이스라엘을 제사장 나라로 세우시고 이 나라를 통해 전 인류를 구원하시고자 합니다. 하나님이 구별하신 선민(選民)은 누구든지 이스라엘 백성으로 태어나기만 하면 무조건 구원을 보장해 주겠다는 차별이 아닙니다.

그렇다면 이스라엘 백성을 선민으로 세우신 것과 하나님의 보편적 정의를 구현하는 일은 어떻게 연결되는 것일까요? 하나님은 먼저 이스라엘에게 하나님의 뜻을 가르쳐 그들로 하나님의 손길이 되게 하십니다. 그리고 이들을 통해 모든 인류가 하나님의 의로우심을 깨달아 그분의 뜻을 따르게 하십니다. 이것이 바로 하나님의 보편적 정의를 구현하는 방식입니다. '보편'이라는 표현에서 알 수 있듯 이스라엘이 아닌 다른 민족에게도 이 정의가 펼쳐질 것입니다.

인류 역사가 어떠하기에 하나님은 이스라엘을 세우셔야 했을까요. 역사를 보면 알겠지만, 역사에는 의식이 없습니다. 마치 던져진 주사위처럼 굴러갑니다. 지나간 사건을 돌아볼 때면 그때 왜 그랬을까, 그때 그렇게 하지 말고 이렇게 했더라면 세상이 달라졌을 텐데, 하는 생각이 듭니다. 지금으로서는 어쩌지 못하는 이미 지나간 일들인데 말입니다. 이제 와서 무엇이라고 평한

들 바뀌지 않는 현실입니다. 그리고 과거에 저지른 실패와 그로 말미암아 빚어진 재앙은 오늘 이 자리까지 영향을 끼칩니다. 이것이 역사입니다.

일관성도 없고 진보도 없는 역사는 인류의 반복된 실패를 내내 증언하고 있습니다. 그러니 그런 역사에 소망일랑 두지 말고 예수 믿는 자리로 빨리 넘어와라, 이런 말을 하려는 것이 아닙니다. 오히려 이러한 역사가 하나님의 보편적 정의에 대해 증언하고 있다고 말하고 싶습니다. 인류는 살아남기 어려운 최악의 선택을 하면서 여기까지 왔습니다. 그래서 언제나 두려움과 불안 속에 처해 있습니다. 이런 인류가 과연 구원을 얻을 수 있을까요? 만약 그럴 수 있다면 어떻게 구원을 얻을 수 있을까요? 그러나 구원은 나중에나 생각할 수 있는 주제입니다. 우선은 하나님의 보편적 정의를 살펴보아야 합니다. 에베소서 4장입니다.

> 그러므로 내가 이것을 말하며 주 안에서 증언하노니 이제부터 너희는 이방인이 그 마음의 허망한 것으로 행함 같이 행하지 말라 그들의 총명이 어두워지고 그들 가운데 있는 무지함과 그들의 마음이 굳어짐으로 말미암아 하나님의 생명에서 떠나 있도다 그들이 감각 없는 자가 되어 자신을 방탕에 방임하여 모든 더러운 것을 욕심으로 행하되 오직 너희는 그리스도를 그같이 배우지 아니하였느니라 (엡 4:17-20)

하나님의 보편적 정의가 결실하지 않으면 인생은 허망합니다. 방탕하고 무지하며 고집스럽습니다. 무지한데도 끝까지 우깁니다. 흔히 보면 노래방은 누가 가자고 합니까? 꼭 음치가 가자고 합니다. 마이크를 한번 잡으면 절대 넘기지 않습니다. 음치는 마냥 해맑고 행복합니다. 그러면 누가 불행할까요? 음치를 친구로 둔 사람입니다.

에베소서에서 말하는 '방탕'은 윤리적 차원에서 좋지 못한 행실 정도를 뜻하는 것이 아닙니다. 방탕의 보다 근본적인 의미는 '허비'입니다. 인생을 허비하는 것입니다. 한 번도 정당한 인생을 살아 보지 못한 채 욕심에 끌려다닙니다. 이것을 하나님의 보편적 정의가 고발합니다. '나의 계명에 순종하지 않고서는 너희에게 아무런 가치도 자랑도 명예도 없다. 예수 믿지 않으면 너희는 멸망한다'는 성경의 이야기를, 하나님은 인류 역사 내내 모든 민족, 모든 사회, 모든 개인에게 직면하게 하십니다.

"나는 예수 믿었고 너는 안 믿었어"라는 손쉬운 이분법으로 넘어가면 되는 주제가 아닙니다. 분노하고 누구를 비난하고 정죄하는 것으로 쉽게 만족하고 안심할 수 있는 문제가 아닙니다. 그렇게 얼렁뚱땅 남에게 떠넘기며 사는 것이 참된 인생일 수 없습니다. 우리는 보편적 정의에 담긴 적극적 권면의 내용에 귀 기울여야 합니다.

사사기 속 이스라엘 백성을 보며 "너희는 왜 그 모양이냐?"라고 비난한다고 해서 우리가 훌륭해지는 것이 아닙니다. 이스라엘의 실패를 교훈 삼아 훌륭하게 살아야겠다는 태도로 사사기를 읽어 내야 합니다. '바보 같은 놈들, 선민이라면서 이렇게밖에 못하다니'라는 마음으로 사사기를 읽으면, 마치 자신은 명예롭게 책임을 완수한 것 같은 자기기만에 빠지게 됩니다. 갈라디아서 6장 7절에서 보듯 성경은 스스로 속이지 말라고 권면하고 있습니다. 우리는 누군가를 비난하고 정죄하여 자기 증명 하기에 바쁜 삶이 아닌, 하나님의 보편적 정의가 실현되는 복된 삶을 살도록 부름받은 사람들입니다.

성경이 말하는 우리의 자리

> 너희 육신이 연약하므로 내가 사람의 예대로 말하노니 전에 너희가 너희 지체를 부정과 불법에 내주어 불법에 이른 것 같이 이제는 너희 지체를 의에게 종으로 내주어 거룩함에 이르라 너희가 죄의 종이 되었을 때에는 의에 대하여 자유로웠느니라 너희가 그 때에 무슨 열매를 얻었느냐 이제는 너희가 그 일을 부끄러워하나니 이는 그 마지막이 사망임이라 그러나 이제는 너희가 죄로부터 해방되고 하나님께 종이 되어 거룩함에 이르는 열매를 맺었으니 그 마지막은 영생이라 (롬 6:19-22)

성경의 이러한 질문은 인생의 가장 본질적인 부분을 꿰뚫고 있는 것인지 모릅니다. 하나님을 외면하고 살았을 때 맺을 수 있었던 최선의 결과가 무엇이더냐, 그 열매가 너희에게 무슨 유익이 있더냐, 라고 묻는 것입니다. 우리가 살면서 확인하는 현실은 무엇이며, 우리는 무엇에 분노합니까? 재물을 가졌는데 왜 넉넉하지 못할까, 지위가 높은데 왜 넉넉하지 못할까, 이런 일에 가장 많이 분노합니다.

재물을 가져도 행복하지 않고 권력을 누려도 행복하지 않습니다. 가져 보면 알 것입니다. 이런 것은 인간이라는 존재의 영광과는 전혀 무관한 것입니다. 그래도 한번 누려 보고 나서 허무함을 맛보고 싶다는 생각이 듭니까? 그렇게 핑계 대지 말고 각자 자기 삶을 살아 내십시오. 가진 자를 회개시키는 데에, 권세를 가진 자에게 겸손하라고 권면하는 데에 교회의 사명이 있지 않습니다. 교회는 위정자들에게 정치 잘해서 이 나라를 잘 살게 하라고 외치는 곳이 아닙니다. 다른 사람이 어떠하든지 너희는 너희대로 하나님 앞에 서라, 교회는 이렇게 말해야 합니다. 우리의 지위와 조건과 현실은 서로 다르지만 하나님 앞에서는 차이가 없습니다. 그러니 모두 동등하게 하나님 앞에 서십시오.

억울하다는 생각이 듭니까? 하나님이 차별하신다는 생각이 듭니까? 이스라엘을 위하느라 가나안을 진멸했다고요? 아닙니다. 가나안 원주민들보다 이스라엘이 더 죽어납니다. 말을 듣지 않으면 이스라엘도 죽이십니다. 죽을 수도 없게 죽여 버리십니다. 사사기 내내 반복되는 내용입니다. 그래서 사사기는 온갖 욕은 다 먹고 비난이란 비난은 다 받아 왔습니다. 사람들은 사사기를 읽을 때마다 이스라엘을 마음껏 경멸하며 조소를 퍼붓곤 했습니다.

그러나 사사기는 바로 우리를 위하여 기록된 책입니다. 우리와 우리 자손들을 위하여 역사로 남겨 둔 것입니다. 하나님이 무엇을 하시며 어떻게 일하시는가, 그 일하심 아래에 있는 우리의 생애가 얼마나 소중한가, 우리에게 허락하신 삶의 조건이 얼마나 충분한가를 증언하고 있습니다. 하나님은 모두가 충만하게 살 수 있는 삶을 허락하십니다. 하나님의 일하심에 담긴 공정함과 성실함을 이해하지 못하면 우리 인생은 원망하고 불평하는 것으로 끝이 납니다.

각자 하나님 앞에 서십시오. 이 일은 다른 것으로 대체할 수 없습니다. 대의, 이념, 이상, 사랑, 믿음 같은 추상적 관념으로 가지 마시고 자신의 삶을 구체적으로 살아가십시오. 하나님의 자녀답게 살고 있는지 자신을 돌아보십시오. 속일 수 없습니다. 집에 돌아가 거울을 보고 자신의 얼굴을 마주하십시오. 자신의 인생을 어떻게 이해하고 있는지가 각자의 얼굴에 알알이 박혀 있습니다. 무엇이 우리를 공포로 몰아가며, 무엇이 우리를 기만으로 내몰고 있습니까? 거울에게 물어보십시오. '거울아, 거울아, 이 세상에서 누가 제일 바보니?' '그건 바로 당신!' 이 사실을 확인하여 본문 말씀의 결론으로 삼은 이 구절에 '아멘'으로 화답합시다. "죄의 삯은 사망이요 하나님의 은사는 그리스도 예수 우리 주 안에 있는 영생이니라"(롬 6:23).

영생은 죽어서 얻는 것이 아닙니다. 지금 하나님의 사람으로 사는 것입니다. 현재 삶에서 영생을 사는 것입니다. 하나님의 은혜와 영광과 능력과 정의로 현실을 사는 것입니다. 어렵다는 생각이 듭니까? 원래 훌륭한 것은 어려운 자리에서 빛이 나는 법입니다. 우리가 서 있는 현실의 어려운 자리가 하나님의 사람으로 살 수 있는 명예로운 기회라는 것을 명심하고 우리를 통해 하나님의 보편적 정의가 실현되는 복된 인생을 살아가기 바랍니다.

질문하기

1.

사사기의 설정은 무엇입니까?

2.

이스라엘 백성을 선민으로 세우신 것과 하나님의 보편적 정의를 구현하는 일은 어떻게 연결됩니까?

3.

사사기가 우리를 위해 기록하고 증언하는 것은 무엇입니까?

나누기

하나님의 사람으로 현재의 삶에서 영생을 살아간다는 것이 무엇인지 구체적으로 나누어 봅시다.

사사의 날들_
본문을 담아내는 시간

1 여호와의 사자가 길갈에서부터 보김으로 올라와 말하되 내가 너희를
애굽에서 올라오게 하여 내가 너희의 조상들에게 맹세한 땅으로 들어가
게 하였으며 또 내가 이르기를 내가 너희와 함께 한 언약을 영원히 어기
지 아니하리니 2 너희는 이 땅의 주민과 언약을 맺지 말며 그들의 제단
들을 헐라 하였거늘 너희가 내 목소리를 듣지 아니하였으니 어찌하여 그
리하였느냐 3 그러므로 내가 또 말하기를 내가 그들을 너희 앞에서 쫓
아내지 아니하리니 그들이 너희 옆구리에 가시가 될 것이며 그들의 신
들이 너희에게 올무가 되리라 하였노라 4 여호와의 사자가 이스라엘 모
든 자손에게 이 말씀을 이르매 백성이 소리를 높여 운지라 5 그러므로
그 곳을 이름하여 보김이라 하고 그들이 거기서 여호와께 제사를 드렸더
라 6 전에 여호수아가 백성을 보내매 이스라엘 자손이 각기 그들의 기
업으로 가서 땅을 차지하였고 7 백성이 여호수아가 사는 날 동안과 여
호수아 뒤에 생존한 장로들 곧 여호와께서 이스라엘을 위하여 행하신 모
든 큰 일을 본 자들이 사는 날 동안에 여호와를 섬겼더라 8 여호와의

02

종 눈의 아들 여호수아가 백십 세에 죽으매 **9** 무리가 그의 기업의 경내
에브라임 산지 가아스 산 북쪽 딤낫 헤레스에 장사하였고 **10** 그 세대의
사람도 다 그 조상들에게로 돌아갔고 그 후에 일어난 다른 세대는 여호
와를 알지 못하며 여호와께서 이스라엘을 위하여 행하신 일도 알지 못하
였더라 (삿 2 : 1 – 10)

구약에 구축된 컨텍스트

사사 시대는 대략 이백 년에서 사백 년 어간으로 보입니다. 우리가 사사들의 통치 기간을 정확히 알기 어려운 것은 사사기의 서술 방식 때문입니다. 사사기는 사건들을 반드시 연대순으로 기록하지는 않았습니다. 또 사사들의 행적도 시간의 흐름보다는 활동했던 지역을 중심으로 기록되어 있습니다. 사사들의 통치 기간을 얼마로 잡든 사사기는 꽤 긴 시간에 걸쳐 반복되어 온 실패의 기록이라고 할 수 있습니다. 그러면 실패로 얼룩진 이 역사를 도대체 왜 기록으로 남겼을까 하는 강한 의문이 들게 됩니다.

본문을 보면, 이스라엘이 순종하지 않자 하나님이 쫓아내 주겠다고 약속하신 원주민들을 그대로 두기로 하셨다는 내용이 나옵니다. 우리 생각에는 이스라엘이 불순종했으니 차라리 아예 판을 새로 짜서 그들을 버리고 다른 민족을 택하여 하나님의 백성으로 다시 세우면 될 것 같아 보입니다. 그런데 하나님은 그렇게 하지 않으십니다. 왜 하나님은 불순종한 이스라엘을 버리지도 않으시고 또 진멸하기로 했던 가나안 원주민들을 굳이 남기셔서 이스라엘을 고생시키시는 걸까요?

사사기 서론에 해당하는 본문 말씀에서 중요한 점은 사사기의 컨텍스트가 무엇이며, 이것을 어떻게 이해해야 하는가 하는 문제입니다. 먼저 사사기의 컨텍스트를 몇 문장으로 정리해 보면 이렇습니다. 하나님은 약속하신 대로 이스라엘 백성을 가나안에 들어가게 하셨다, 가나안에 들어간 이스라엘 백성들에게 하나님이 명령하신 것은 가나안 민족들을 진멸하고 하나님 나라를 세우라는 것이었다, 그런데 이스라엘은 그렇게 하지 않았다, 이 실패의 책임은 전적으로 이스라엘 백성에게 있다, 입니다.

본문 말씀인 사사기 2장에서도 사사기의 이러한 컨텍스트가 드러납니다. 여호와의 사자가 보김에 올라와 이스라엘을 꾸짖습니다. "너희는 왜 명령을 따르지 아니하였느냐? 너희는 벌을 받아 마땅하다"라고 지적하자 이스라엘은 일제히 목 놓아 웁니다. 그런데 울고 나서도 여전히 잘못을 반복합니다. 이런 반복은 성경 대부분, 특히 구약에 구축된 컨텍스트이기도 합니다.

자유라는 컨텍스트

컨텍스트는 왜 필요한 것일까요? 텍스트를 담기 위해서입니다. 정황이나 문맥, 배경이나 무대가 없으면 내용이 담길 수 없습니다. 경험이 있어야 단어가 생기고 개념이 생성됩니다. 단어와 개념으로 문장이 만들어지면 사상이나 심오한 내용이 비로소 이 안에 담길 수 있게 됩니다. 따라서 구약을 제대로 읽어 내려면 먼저 구약에 구축된 컨텍스트가 무엇인지 이해해야 합니다.

사사기의 컨텍스트에 담긴 텍스트를 읽어 내기 위해 인문학에 대한 이해를 동원해 봅시다. 인문학은 인류의 경험 속에서 텍스트 곧 본문을 찾아내려는 몸부림입니다. 인류가 걸어온 길에 어떤 가치가 있느냐를 묻고 있습니다. 텍스트를 찾는 것입니다. 그런데 인문학이 발견한 텍스트는 오히려 '공포'였습니다. 인간에 대한 절망, 그리고 절망할 수밖에 없는 현실에 대한 분노가 공포로 드러납니다. 이것이 인문학이 발견한 본문입니다.

이와 같은 인간 현실에 깃든 공포, 기가 막히도록 비정한 인간의 실상을 이해하지 못하면 성경이 말하는 '죄인'이나 '구원'이라는 말을 알아들을 수 없습니다. 죄인이 얼마나 비참한 존재인지, 구원이 얼마나 기쁜 소식인지 도무지 이해할 수 없게 됩니다.

역사에는 이런 뜻이 담겨 있습니다. 하나님은 당신의 본문을 우리에게 담아내기 위해 시간을 주시는 것입니다. 역사가 중단되지 않고 계속 이어 가게 하시는 이유입니다. 우리가 보기에 죽어 마땅한 자들인데도 죽이지 않으시면서 말입니다. 하나님은 역사 속에서 오히려 그들에게 자유를 주고 계십니다.

그 이유가 무엇일까요? 하나님이 우리에게 요구하시는 것은 사랑과 믿음인데, 사랑과 믿음은 상호 간의 지위가 대등하지 않으면 성립하지 않습니다. 그래서 하나님은 우리에게 자유를 주시는 것입니다. 하나님은 인간에게 당신을 거부할 수 있는 선택권까지 주십니다. 우리가 자유로운 결정으로 하나님을 사랑하기를 원하시기 때문입니다. 그러니 자유는 본문이 아니라 본문을 담기 위해 주어진 조건입니다.

이런 관점에서 사사기를 보면 하나님이 인간에게 본문을 담기 위해 자유를 주셨다는 것을 알게 됩니다. 너희가 어떻게 하나 보자, 내 말을 듣지 않으면 어떻게 되나 같이 가 보자, 하며 시간과 기회를 주신 것입니다. 우리가 대체 어떤 지위를 가졌기에 이렇게 대등하게 대접해 주시는 것일까요? 자유가 있다는 것이 무슨 말일까요?

자유가 없이는 사랑과 믿음의 관계를 가질 수 없습니다. 이는 대등한 지위에서만 누릴 수 있는 관계입니다. 사랑의 반대말은 무엇일까요? 증오나 무관심이 아닙니다. 사랑의 반대말은 동정이라고 생각합니다. 사랑은 대등한 지위에서 주고받는 것이며 믿음도 마찬가지입니다. 하나님은 당신의 본문을 담아내기 위하여 인류에게 시간을 주시고 인격에게 자유를 주신 것입니다. 이것이 굉장한 지위라고, 하나님이 우리를 당신과 대등하게 여기셔서 허락하신 지위라고 감히 이야기할 수 있는 근거를 야곱에게서 발견할 수 있습니다. 창세기 28장입니다.

자유가 증언하는 것

야곱이 브엘세바에서 떠나 하란으로 향하여 가더니 한 곳에 이르러는 해가 진지라 거기서 유숙하려고 그 곳의 한 돌을 가져다가 베개로 삼고 거기 누워 자더니 꿈에 본즉 사닥다리가 땅

> 위에 서 있는데 그 꼭대기가 하늘에 닿았고 또 본즉 하나님의 사자들이 그 위에서 오르락내리락 하고 또 본즉 여호와께서 그 위에 서서 이르시되 나는 여호와니 너의 조부 아브라함의 하나님이요 이삭의 하나님이라 네가 누워 있는 땅을 내가 너와 네 자손에게 주리니 네 자손이 땅의 티끌 같이 되어 네가 서쪽과 동쪽과 북쪽과 남쪽으로 퍼져나갈지며 땅의 모든 족속이 너와 네 자손으로 말미암아 복을 받으리라 내가 너와 함께 있어 네가 어디로 가든지 너를 지키며 너를 이끌어 이 땅으로 돌아오게 할지라 내가 네게 허락한 것을 다 이루기까지 너를 떠나지 아니하리라 하신지라 (창 28:10-15)

'내가 너를 떠나지 아니하리라'라는 하나님의 약속에는 '네가 어디로 가든지'가 전제되어 있습니다. 인간의 선택과 자유가 전제된 약속입니다. '네가 어디로 가든지, 무엇을 하든지 내가 너를 놓아두지 않겠다. 마침내 내가 네게 복을 줄 것이라. 너와 네 자손과 열방에 복을 줄 것이라. 네가 어디로 가든지.'

야곱은 형을 속이고 아버지를 기만한 것이 탄로나자 더 이상 집에 있을 수 없게 되어 외삼촌 라반에게 도망갑니다. 가서 이십 년가량 종살이 비슷하게 매여 지내는데, 그래도 열심히 모아 큰 부자가 됩니다. 그러자 외삼촌 집에서도 미움을 받게 되어 떠나기로 합니다. 탕자가 집으로 돌아가듯이 야곱도 고향 집으로 돌아갈 수밖에 없게 된 것입니다. 두려움을 안고 귀향하는데, 형 에서가 아직 자기에게 칼을 품고 있다는 말을 듣습니다. 얍복 나루에 이른 야곱은 어찌해야 할지 몰라 자기 재산을 둘로 나누어 형에게 보냅니다. 어떻게 해서든지 형의 마음을 누그러트리기 위해 선물로 보낸 것입니다.

이 장면이 창세기 32장에 기록되어 있습니다. 가족까지 앞서 보내고 야곱 홀로 얍복 나루에 남아 있는데 하나님의 사자가 와서 그에게 씨름을 겁니다. 둘은 밤이 새도록 씨름합니다. 날이 밝아 오는데도 승부가 나지 않습니다. 하나님의 사자가 자신이 야곱을 이길 수 없음을 보고 그의 허벅지 관절을 칩니다. 그리고 가겠다고 하자 야곱이 그를 붙잡고 늘어집니다. "그냥 갈 수 없습니다. 나를 축복해 주십시오." "네 이름이 무엇이냐?" "야곱입니다." "너는 더 이상 야곱이 아니다. 이제부터 너는 이스라엘이다. 더 이상 야곱이 아니다."

'야곱'은 '약탈자'라는 의미를 지닌 이름입니다. 자기 필요를 채우기 위해서는 어디에선가 빼앗아 와야 하는 자가 바로 야곱이었던 것입니다. 여기에 공포가 전제되어 있습니다. 새로 지음 받은 이름인 '이스라엘'은 '하나님과 겨루어 이긴 자'라는 의미입니다. 하나님을 이긴 자, 이 말은 무슨 뜻일까요?

부모라면 이 질문의 답을 맞힐 것입니다. 자식은 부모를 이깁니다. 자식은 부모를 이기려고 굳이 애쓰지 않아도 자식이라는 지위만으로 부모를 이길 수 있는 것입니다. 어느 부모가 자식을 이기거나 자식을 희생시켜 자기를 보존하겠습니까. 기꺼이 부모가 헌신합니다. 부모라면 누구나 경험하는 일입니다. 너는 나를 이기는 자다, 너의 모든 운명을 복되게 하려고 내가 전력을 쏟아부었다, 하나님이 우리를 향해 이렇게 말씀하십니다.

자유는 그 자체로 내용을 지니고 있지 않습니다. 자유는 우리의 신분과 정체가 무엇인지 증언해 주는 것입니다. 사랑과 믿음을 나누는 대등한 관계로 하나님이 부르시는 존재라고 말해 주는 것입니다.

건강이나 재정이나 사회적 지위 같은 것은 문제가 되지 않습니다. 하나님에게 유용한 존재가 되기 위해 유명한 작가나 철학자가 될 필요는 없습니다. 주어진 삶 속에서 하나님의 자녀만이 가지는 생명과 진리와 영광과 명예를 증언하십시오. 하나님은 언제나 어떤 삶에나 본문을 담으실 수 있습니다. 너는 더 이상 야곱이 아니다, 너는 이제 이스라엘이다, 라고 말씀하시는 하나님이십니다.

그런데도 여전히 공포와 의심이 가득한 얼굴로 다니는 이유는 무엇일까요? 진정한 본문을 몰라서 그렇습니다. 자기를 보아도 겁이 나니 누구를 보아도 겁이 나는 것입니다. 예수 믿는 것은 그런 것이 아닙니다. 넉넉하게 사십시오. 하나님이 우리 인생에 무엇을 담으시는지 각자의 얼굴에 명예와 자랑스러움으로 나타내십시오. 자신의 현실에 만족하지 못한다면 인문학이 제시하는 수준에 붙잡혀 있는 것에 불과합니다. 성경으로 돌아오시고 믿음으로 돌아오십시오. 그리하여 승리를 구가하십시오.

질문하기

1.

사사기의 컨텍스트는 무엇입니까?

2.

하나님은 인간에게 본문을 담기 위해 무엇을 주셨습니까?

3.

자유는 우리에 대해 무엇을 증언해 주고 있습니까?

나누기

신앙 공동체 안에서 자신에게 주어진 시간과 기회를 넉넉하게 선택한 예를 본 적이 있다면 함께 나누어 봅시다.

옷니엘_
배신을 수용하시다

7 이스라엘 자손이 여호와의 목전에 악을 행하여 자기들의 하나님 여호
와를 잊어버리고 바알들과 아세라들을 섬긴지라 **8** 여호와께서 이스라엘
에게 진노하사 그들을 메소보다미아 왕 구산 리사다임의 손에 파셨으므로
이스라엘 자손이 구산 리사다임을 팔 년 동안 섬겼더니 **9** 이스라엘 자손
이 여호와께 부르짖으매 여호와께서 이스라엘 자손을 위하여 한 구원자를
세워 그들을 구원하게 하시니 그는 곧 갈렙의 아우 그나스의 아들 옷니엘
이라 **10** 여호와의 영이 그에게 임하셨으므로 그가 이스라엘의 사사가 되
어 나가서 싸울 때에 여호와께서 메소보다미아 왕 구산 리사다임을 그의
손에 넘겨 주시매 옷니엘의 손이 구산 리사다임을 이기니라 **11** 그 땅이
평온한 지 사십 년에 그나스의 아들 옷니엘이 죽었더라 (삿 3 : 7 – 11)

03

이스라엘의 실패

이스라엘 자손은 여호와의 목전에 악을 행하여 자기들의 하나님을 잊어버리고 우상을 섬깁니다. 이런 이스라엘 백성에 대해 하나님은 진노하시고 그들을 이웃 왕에게 넘기십니다. 그러자 이스라엘 백성들이 울며 간구합니다. 이에 하나님이 사사를 세워 이스라엘을 구원하십니다. 이런 과정이 사사기 내내 되풀이됩니다.

우리는 이런 되풀이되는 과정이 이스라엘의 반복되는 실패를 드러내 주고 있다고 생각합니다. 하지만 이런 반복되는 과정을 사사기에서 거듭 기술하는 주된 목적은 이스라엘의 반복되는 배신을 계속해서 수용하시는 하나님을 그리는 데에 있습니다. 그러니 사사기를 읽는 우리의 태도는 왜 이 사람들은 나아지지 않고 여전히 못난 짓을 반복할까 하는 분노가 아니라, 하나님은 도대체 어떤 분이시기에 이들을 거듭 용납하시는가 하는 경이로움이어야 합니다. 사사기를 읽으면서 이런 경이로움이 아니라 분노가 우리 마음을 채운다면 기독교를 아직 잘 모르는 것입니다.

이제 사사 시대에 이르러 새롭게 펼쳐지는 정황이 무엇인가 다시 생각해 봅시다. 사사 시대에 이르자 이스라엘 백성은 비로소 자유를 갖게 되었습니다. 애굽의 바로 밑에 살 때보다, 광야에서 살 때보다 더 많은 선택권을 누리게 되었습니다. 그럼에도 이들의 삶이 앞선 세대의 삶보다 나았다고는 말할 수 없습니다. 마음껏 선택하며 자유를 누리는데도 이들은 이전 세대와 마찬가지로 답이 없는 삶을 살아갔다는 것을 사사기가 보여 주고 있습니다. 이 점에서 출애굽 세대와 가나안 세대는 공통점을 갖고 있습니다.

가나안 세대의 이스라엘 백성들에게는 출애굽 세대보다 훨씬 더 많은 자유가 주어져 있었습니다. 그러나 이들의 선택을 보면 그 이전 세대와 마찬가지로 한계 속에 있었다는 것을 알 수 있습니다. 어떤 한계입니까? 소원은 있으나 실천할 수 없다는 한계입니다. 생명, 진리, 행복, 정의를 소원하지만 그것들을 만들어 낼 실력이 없다는 점에서 이스라엘은 어느 세대나 마찬가지였습니다. 이들은 바른 선택을 할 실력이 없어 계속 잘못된 선택을 해 온 것입니다. 그래서 내내 어려움을 겪게 됩니다.

이스라엘 백성은 어려움이 닥치자 자기네가 어렵게 된 원인을 엉뚱한 곳에서 찾습니다. 이런 어려움을 당하는 것은 외적 안전장치가 없는 탓이라고 판단합니다. 그래서 생각해 낸 것이 왕정이었습니다. 자기들의 고통스러운 삶은 왕이 없어서 그런 것이니 왕을 세워 달라고 아우성을 칩니다. 결국 하나님은 이들에게 왕까지 허락하십니다. 이스라엘은 그릇된 선택을 하지만 하나님은 그런 선택마저 존중하신 것입니다.

그토록 바라던 왕을 얻은 이스라엘은 어떻게 됩니까? 북 왕국, 남 왕국으로 찢어진 채 북 왕국은 앗수르에 망하고 남 왕국은 바벨론에 망합니다. 백성들은 약속의 땅, 젖과 꿀이 흐르는 땅에서 뿌리가 뽑힌 채 던져집니다. 포로가 되어 적국에 넘겨진 것입니다. 이런 이스라엘 역사를 볼 때, 그 시대를 "그 때에 이스라엘에 왕이 없으므로 사람이 각기 자기의 소견에 옳은 대로 행하였더라"(삿 21:25)라고 평가한 사사기의 기술은 의미심장합니다.

사사기를 읽고 있는 우리는 신약 시대를 사는 신자들입니다. 우리는 구약 역사와 이스라엘의 결말과 예수의 사건까지 잘 알고 있는 자리에서 사사 시대를 돌아보고 있습니다. 그런데 이 모든 역사를 알고 있음에도 우리는 성경이 이 역사를 담담히 써 내려가는 이유와 가치를 깨닫지 못하고 자꾸 쉬운 결론을 내리려 합니다. 이스라엘을 바보 같다고 비난하면서 말입니다. 기독교는 이천 년 교회사 내내 유대인들을 저주해 왔습니다. 구약의 역사가 암울한 이유를 유대인들에게 돌려 그들을 비난하는 것을 손쉬운 해결책으로 삼아 왔던 것입니다.

지금 우리는 그들이 결국 어떻게 되었는지 다 아는 자리에서 이스라엘의 행적을 돌아보고 있기에 쉬운 답을 내리는 것인지 모르겠습니다. 그러나 이렇게 답을 내리는 것은 성경이 하고 싶은 이야기에 귀 기울이지 않기 때문입니다. 유대인에 대한 편견에 머물러 진정한 기독교 신앙으로 깊이 들어가지 못하고 있습니다. 자신들이 만든 올무에 스스로 걸려든 것입니다.

이스라엘에게 왕정은 무엇이었을까요? 사실 이스라엘에게 외적 안전장치란 있을 수 없습니다. 하나님 외에는 안전장치가 없기 때문입니다. 그러니 이스라엘 역사가 가진 문제는 왕이 있으면 되는, 왕이 잘하면 되는 것이 아니었습니다. 결국 왕정이 수립되지만 왕도 잘하지 못했습니다. 이스라엘은 지금껏 걸어왔던 불순종의 길을 계속 걸어갈 뿐이었습니다.

진정한 자유

노예의 삶에서 벗어난 이스라엘은 자유인이 되어 선택이란 것을 할 수 있게 됩니다. 그들은 마음껏 선택합니다. 그러나 선택만 할 뿐 자유를 만들 실력은 없습니다. 인간이 누릴 수 있는 자유는 하나님만이 만드실 수 있습니다. 인간의 선택은 무엇인가를 고르는 행위에 불과할 뿐입니다. 선택하는 것으로 자유를 누린다고 생각하나 그것은 진정한 자유가 아닙니다.

인류는 각기 다른 시간과 공간에서 살아가며 민족적, 정치적, 사회적, 문화적 차이 속에 있습니다. 또 각 개인 역시 서로 다른 혈통, 기질, 유전자를 지닌 고유한 존재입니다. 이렇게 다양한 배경과 개성을 가지고 인류가 만들어 내는 것은 무엇입니까? 이 모든 것을 합쳐 인간이 만드는 것, 인간이 각자의 감각에 따라 그 많은 선택을 하며 만들어 내는 것은 컨텍스트에 불과합니다. 인류는 진정한 텍스트를 만들지 못합니다. 인간을 인간답게 하는 진정한 텍스트, 곧 본문은 하나님으로부터만 주어질 수 있습니다. 하나님이 주실 때에만 비로소 인간은 하나님의 사랑의 상대가 되어 진정한 텍스트를 담을 수 있게 됩니다.

> 그러므로 예수께서 자기를 믿은 유대인들에게 이르시되 너희가 내 말에 거하면 참으로 내 제자가 되고 진리를 알지니 진리가 너희를 자유롭게 하리라 그들이 대답하되 우리가 아브라함의 자손이라 남의 종이 된 적이 없거늘 어찌하여 우리가 자유롭게 되리라 하느냐 예수께서 대답하시되 진실로 진실로 너희에게 이르노니 죄를 범하는 자마다 죄의 종이라 종은 영원히 집에 거하지 못하되 아들은 영원히 거하나니 그러므로 아들이 너희를 자유롭게 하면 너희가 참으로 자유로우리라 (요 8:31-36)

요한복음 8장에는 예수님과 바리새인들 사이의 유명한 논쟁이 나옵니다. 예수님이 말씀하십니다. "진리가 너희를 자유롭게 하리라." 바리새인들이 반문합니다. "우리는 아브라함의 자손이라서 아무에게도 종노릇한 일이 없는데, 당신은 어찌하여 우리가 자유롭게 될 것이라고 말합니까?" 이 말에 예수님은 "죄를 짓는 사람은 다 죄의 종이다"라고 하신 후, 그들을 향해 "아들이 너희를 자유롭게 하면 너희는 참으로 자유롭게 될 것이다"라고 답하십니다.

32절, "진리를 알지니 진리가 너희를 자유롭게 하리라"에서 진리는 지식을 가리키는 것이 아닙니다. 진리는 예수 자신입니다. 예수가 곧 길이요, 진리요, 생명입니다. 하나님만이 가지신 창조의 능력이 여기 있습니다. 진정한 자유는 진리와 생명을 만드신 이에게 속할 때 생겨납니다. 그분과 연합될 때 맛볼 수 있는 것이지 인간이 만들어 낼 수 있는 것이 아닙니다.

그러므로 하나님을 선택하는 것이 진정한 자유입니다. 그것은 우리 힘으로 할 수 있는 것이 아닙니다. 왜냐하면 인간의 이해 속에는 하나님이 없기 때문입니다. 인간이 생각할 수 있는 신은 추상명사일 뿐 성경에서 말하는 하나님, 살아 역사하는 신이 아닙니다. 하나님이 우리를 당신의 자녀로 붙드실 때에야 비로소 우리는 하나님을 알게 됩니다. 하나님이 붙드셔야만 우리는 그분을 믿을 수 있고 그분께 순종할 수 있습니다. 바로 여기에 자유가 있습니다. 인간이 소원하는 자유는 선택해서 얻게 되는 것이 아니라 순종해서 누리는 것입니다. 하나님에게 붙들린 사람만이 비로소 하나님을 향한 순종이 영광이라는 것을 압니다. 그때 다른 선택은 못난 짓이라는 것을 알게 되기 때문입니다. 이에 대한 성경의 중요한 선언이 히브리서 5장에 나옵니다.

순종의 삶

그는 육체에 계실 때에 자기를 죽음에서 능히 구원하실 이에게 심한 통곡과 눈물로 간구와 소원을 올렸고 그의 경건하심으로 말미암아 들으심을 얻었느니라 그가 아들이시면서도 받으신 고난으로 순종함을 배워서 온전하게 되셨은즉 자기에게 순종하는 모든 자에게 영원한 구원의 근원이 되시고 하나님께

멜기세덱의 반차를 따른 대제사장이라 칭하심을 받으셨느니라(히 5:7-10)

예수님이 몸소 보여 주신 순종은 어떤 것이었습니까? 예수님의 순종은 하나님의 뜻을 따라 인간의 배신을 받아들이는 것이었습니다. 인간의 배신 속에 걸어 들어가 거기서 사는 것이었습니다. 그 순종 속에 하나님이 부활을, 승리를 담으셨습니다.

여기서 주의 깊게 살펴보아야 할 대목이 있습니다. 예수는 그 길을 걸으라는 하나님의 뜻에 순종하기 위해 심한 통곡과 눈물의 길을 걸어야 했던 것입니다. 그리고 그 길을 거쳐 승리에 이르십니다. 이 승리는 그 통곡과 눈물에 응답하신 하나님 때문에 주어진 것이지, 통곡과 눈물 자체가 만들어 낸 결과가 아닙니다.

이 점을 잊지 마십시오. 우리는 자꾸 눈물로 신파극을 만들려고 합니다. 그러나 우리가 울 수 있는 것은 우리의 울부짖음에 응답하는 이가 계시기 때문입니다. 눈물이 승리를 만들어 내는 것이 아닙니다. 그러면 울지 말고 웃으라는 말일까요? 그런 말이 아닐 것입니다. 은혜는 울고 웃는 것에 좌우되지 않는다는 이야기를 하고 있습니다.

죄지을 감각과 선택 외에는 아무것도 할 수 없는 우리를 하나님이 당신의 자녀이자 백성으로 받아 주십니다. 하나님의 자유와 능력과 성실로 그렇게 하신 것입니다. 이제 비로소 우리는 본문을 가지게 됩니다. 위대하신 하나님이 사랑하시는 대상이 우리임을 알게 되고 그분이 주시는 생명과 진리를 갖게 되는 것이 진정한 자유입니다. 컨텍스트만 만들며 스스로도 하나의 컨텍스트에 불과했던 우리가 텍스트를 담아내어 온전한 하나님의 사람이 되는 것입니다.

우리가 원하는 것은 무엇입니까? 어떻게든 하나님에게 매달려서 감옥 같은 현실을 벗어나는 일 말고 무엇에 관심이 있습니까? 온통 그 관심뿐이라면 우리는 신자가 아닙니다. 하나님이 우리를 어디에 보내셨든지 그 자리를 받아들이십시오. 거기서 본문을 담으십시오. 하나님이 누구신지, 예수를 믿는다는 말이 무엇인지 삶으로 살아 내십시오.

질문하기

1.

사사기에서 이스라엘의 반복되는 실패를 거듭 기술하는 이유는 무엇입니까?

2.

진정한 자유는 언제 생겨납니까?

3.

인간이 소원하는 자유는 어떻게 해야 누릴 수 있습니까?

나누기

순종을 통해 진정한 자유를 누린 경험이 있다면 나누어 봅시다.

에훗_
하나님 웃으시다

16 에훗이 길이가 한 규빗 되는 좌우에 날선 칼을 만들어 그의 오른쪽
허벅지 옷 속에 차고 17 공물을 모압 왕 에글론에게 바쳤는데 에글론은
매우 비둔한 자였더라 18 에훗이 공물 바치기를 마친 후에 공물을 메고
온 자들을 보내고 19 자기는 길갈 근처 돌 뜨는 곳에서부터 돌아와서
이르되 왕이여 내가 은밀한 일을 왕에게 아뢰려 하나이다 하니 왕이 명
령하여 조용히 하라 하매 모셔 선 자들이 다 물러간지라 20 에훗이 그
에게로 들어가니 왕은 서늘한 다락방에 홀로 앉아 있는 중이라 에훗이
이르되 내가 하나님의 명령을 받들어 왕에게 아뢸 일이 있나이다 하매
왕이 그의 좌석에서 일어나니 21 에훗이 왼손을 뻗쳐 그의 오른쪽 허벅
지 위에서 칼을 빼어 왕의 몸을 찌르매 22 칼자루도 날을 따라 들어가
서 그 끝이 등 뒤까지 나갔고 그가 칼을 그의 몸에서 빼내지 아니하였으
므로 기름이 칼날에 엉겼더라 23 에훗이 현관에 나와서 다락문들을 뒤
에서 닫아 잠그니라 24 에훗이 나간 후에 왕의 신하들이 들어와서 다락
문들이 잠겼음을 보고 이르되 왕이 분명히 서늘한 방에서 그의 발을 가

04

리우신다 하고 **25** 그들이 오래 기다려도 왕이 다락문들을 열지 아니하
는지라 열쇠를 가지고 열어 본즉 그들의 군주가 이미 땅에 엎드러져 죽
었더라 (삿 3 : 16 – 25)

뜻밖의 해학적 요소

본문 말씀에는 사사 에훗이 모압 왕 에글론을 죽여 이스라엘을 구한 이야기가 나옵니다. 에훗은 모압 왕 에글론에게 공물을 바치러 가는 기회에 에글론을 제거해 버리려고 합니다. 공물을 바치고 에글론 앞에서 물러난 에훗은 함께 왔던 이들을 먼저 돌려보낸 뒤 에글론에게 다시 돌아갑니다. 은밀히 드릴 말씀이 있다면서 왕에게 다가섭니다. 왕이 에훗의 말을 듣고 주위에 둘러섰던 신하들을 물러가게 하자, 에훗과 에글론 단둘만 남습니다. 이때 에훗이 오른쪽 허벅지 옷 속에 숨겨 놓은 칼을 왼손으로 빼내어 에글론을 찌릅니다. 칼자루가 몸에 박히도록 깊이 찌릅니다. 대개 오른손잡이가 왼손잡이보다 더 흔하고, 오른손잡이는 칼을 왼쪽 허벅지에 차고 다니므로 왕을 호위하는 신하들이 바지 왼편은 검사했어도 오른편은 확인하지 않았던 것 같습니다.

이 기록은 뜻밖의 희극성을 띠고 있습니다. 사람들은 사사기에 익살이나 해학이 있으리라고는 기대하지 않고 대개 참담한 마음으로 사사기를 읽습니다. 사사기가 비극적 내용을 담고 있기에 내내 어두운 분위기일 것이라고 생각하기 때문입니다. 그런데 본문 말씀에는 밝고 명랑한 유머는 아니지만 희극적 요소가 들어 있습니다. 이 점은 앞에 등장한 사사 옷니엘의 이야기와 비교해 보면 더 잘 알 수 있습니다.

사사기는 첫 사사 옷니엘이 구산 리사다임을 해치운 일을 신속하고 간단한 사건으로 기록하였습니다. 반면 사사 에훗이 에글론을 해치운 이야기는 천천히 세밀하게 그려져 있습니다. 에훗의 이야기는 마치 만화가 고우영 씨 작품을 보는 것 같습니다. 이미 지나간 역사여서 별로 중요해 보이지 않은 내용에 재미있게 해학을 넣어 그린 것 같은 느낌이랄까요. 에훗의 이야기에서 어떤 의도를 읽을 수 있을까요? 이스라엘을 괴롭히는 대적을 제거하는 일은 하나님에게 쉬운 일이며 또 하나님이 그다지 중요하게 여기시는 일이 아니라는 의미가 담겨 있습니다. 하나님이 사사를 세워 에글론 같은 자를 해치우는 것은 사실 일도 아닌 것입니다. 그러면 하나님이 성의를 담아서 하고 싶으신 일은 무엇일까요?

하나님의 진정한 목적

여기서 우리는 본질적 질문으로 나아가게 됩니다. 사사기에 나온 전쟁의 이유를 언급하는 본문에서 사사기의 초점, 곧 본질적 질문을 만나게 됩니다. 사사기 3장 1절입니다.

> 여호와께서 가나안의 모든 전쟁들을 알지 못한 이스라엘을 시험하려 하시며 이스라엘 자손의 세대 중에 아직 전쟁을 알지 못하는 자들에게 그것을 가르쳐 알게 하려 하사 남겨 두신 이방 민족들은 블레셋의 다섯 군주들과 모든 가나안 족속과 시돈 족속과 바알 헤르몬 산에서부터 하맛 입구까지 레바논 산에 거주하는 히위 족속이라 (삿 3:1-3)

하나님은 이스라엘이 가나안 땅을 정복한 이후에도 그 땅에 여러 족속들을 남겨 두셨습니다. 이스라엘은 그들 가운데 살면서 하나님을 외면하고 거부합니다. 이스라엘의 배반과 반역이 시작된 것입니다. 남겨진 족속들은 이스라엘에게 위협이 되고 더 나아가 이스라엘을 압제하는 세력으로 성장합니다. 이스라엘은 고통과 절망과 두려움으로 떨다가 하나님에게 도움을 구합니다. 이에 하나님은 사사를 세워 이스라엘을 회복하십니다. 이것이 사사기 내내 반복되는 패턴입니다.

하나님은 전쟁을 겪어 본 적이 없는 이스라엘 자손의 세대에게 전쟁이 무엇인지 가르쳐 알게 하려고 그들을 시험하십니다. 그렇게 하여 궁극적으로 그들이 하나님의 마음을 알게 되기를 원하십니다. 이것이 사사기를 통해 드러나는 하나님의 뜻입니다. 이것을 다음과 같이 정리해 보았습니다.

'하나님의 진정한 목적은 우리를 이해시키고 우리의 영혼을 만족시키는 데 있다. 하나님은 우리를 승복하게 하시려고 우리에게 여러 기회와 경우를 허락하시며 우리를 시험하신다. 하나님이 허락하신 자유 안에서 우리는 마음껏 선택한다. 그리고 그 선택의 결과를 보고 후회한다. 그렇게 우리는 나아간다. 그래서 도달하는 그 끝에는 하나님이 목적하신 진정한 인간성이 있다. 거기서 비로소 우리는 기쁘게 순종할 수 있게 된다.'

이것이 하나님의 뜻입니다. 하나님이 우리로 전쟁을 알게 하고 우리를 시험하시는 일의 목적입니다. 그러니 누가 권력을 가지는가 하는 문제는 하나님에게 관심사가 아닙니다. 이스라엘과 이방 민족 중 누가 더 큰 권력을 갖게 되는가는 하나님에게 중요하지 않습니다. 이스라엘의 압제자를 물리치는 것쯤은 하나님에게 아무것도 아닙니다. 하나님은 그런 압제자들을 쉽게 물리쳐 주실 수 있지만 그것만으로는 이스라엘 백성의 삶에 답이 되지 않습니다. 하나님의 목적은 우리의 마음을 얻는 것입니다. 이것을 잊으면 안 됩니다.

믿음과 사랑의 관계

자유인이 된 이스라엘은 무엇인가를 자유롭게 선택할 수 있는 정황에 놓여 선택의 기회를 갖게 됩니다. 그러나 그들은 그 선택을 그르칩니다.

자유란 독립적으로 선택하고 주장할 수 있는 권리입니다. 사랑과 믿음에는 자유가 전제되어야 합니다. 자유 없이는 모든 것이 굴종에 불과하기 때문입니다. 하나님은 우리에게 자유를 주십니다. 우리가 가진 자유와 선택 속에서 하나님은 우리에게 도전하십니다. 우리가 소원하고 기대하는 것, 우리가 선택해 버린 것이 하나님이 주시려고 하는 것과 달라 벌어지는 일입니다. 이 도전으로 우리만 죽어난다고 생각합니까? 그렇지 않습니다. 우리의 주장과 하나님의 목적이 부딪쳐 생기는 갈등과 긴장과 충돌을 하나님이 견디십니다. 그것이 사사기의 내용이고 성경의 내용입니다. 호세아 11장을 보겠습니다.

> 에브라임이여 내가 어찌 너를 놓겠느냐 이스라엘이여 내가 어찌 너를 버리겠느냐 내가 어찌 너를 아드마 같이 놓겠느냐 어찌 너를 스보임 같이 두겠느냐 내 마음이 내 속에서 돌이키어 나의 긍휼이 온전히 불붙듯 하도다 내가 나의 맹렬한 진노를 나타내지 아니하며 내가 다시는 에브라임을 멸하지 아니하리니 이는 내가 하나님이요 사람이 아님이라 네 가운데 있는 거룩한 이니 진노함으로 네게 임하지 아니하리라 (호 11:8-9)

이것이 하나님의 진심입니다. 인간의 감정에 빗대어 표현하자면 하나님의 초조함이라 할 수 있습니다. 하나님은 우리가 하나님의 마음을 알기 원하십니다. 또한 우리가 하나님의 마음에 승복하기를 원하십니다. 하나님은 우리의 잘못에 보복하시는 분이 아닙니다. 하나님은 우리가 단지 당신의 말씀을 기계처럼 잘 지키는 존재가 되는 것을 원하지 않으십니다. 하나님은 우리가 당신께 쓸모 있거나 도움이 되기를 바라셔서 우리에게 다가오신 것이 아닙니다. 하나님은 우리의 아버지가 되려 하십니다. 우리의 하나님이 되려 하십니다. 내 자녀가 되어라, 내 백성이 되어라, 하시며 우리에게 찾아오신 것입니다. 이것이 믿음과 사랑의 관계입니다.

그런데 우리는 이런 관계가 영 불편합니다. 하지만 잘 생각해 보면 인간은 하나님과의 관계를 필요로 하는 존재임을 알 수 있습니다. 우리가 대단한 것을 소유했다고 해도 인간이기에 나눌 수 있는 인격적 교제를 할 수 없다면 마음에 만족이 없을 것입니다. 이것이 우리가 인격적 관계, 더 나아가 최상의 인격적 관계인 하나님과의 교제를 필요로 한다는 증거입니다.

쉽게 생각해 봅시다. 우리가 누군가에게 항복하며 그를 존경하게 되는 때는 언제입니까? 사람은 상대방이 많이 가졌다고 해서 그에게 항복하지 않습니다. 하지만 인간성이 훌륭하면 그에게 항복합니다. 인간성이란 물질로 규정할 수 없고 채울 수 없는 것이지만 그것이 인간을 항복하게 합니다. 인간만이 가지는 이해, 용서, 다정함, 만나면 기쁘고 반가운 것들이 인간성에 담겨 있습니다. 인간성에는 윤리적, 도덕적 요소가 들어 있지만 그것은 인간성의 일부일 뿐입니다. 윤리나 도덕은 그 자체로 존재하는 것이 아니라 사람이 가진 인간성의 아름다움과 위대함에 자연히 묻어 나오는 속성일 뿐입니다.

윤리적으로 흠 없게 산다는 사람치고 따뜻하고 부드러운 사람이 없습니다. 이렇게 되면 잘못 가고 있는 것입니다. 나의 옳음으로 상대방을 웃게 하십시오. 반가운 사람이 되십시오. 만나고 싶은 사람이 되십시오. 신앙은 좋은 표정을 짓는 것부터 시작하는 것입니다. 넉넉하고 따뜻한 표정만큼 좋은 것은 없습니다.

나의 진심이나 열심이 나를 사납고 교만하게 만든다면 잘못하고 있는 것입니다. 신앙이 불붙어서 무서워지면 곤란합니다.

하나님은 그렇게 안 하십니다. 에훗 사건에서 가장 놀라는 부분은 하나님이 빙글빙글 웃으시면서 에글론의 압제를 깨트리시는 장면입니다. 에글론을 죽이는 것은 일도 아닙니다. 하나님이 이스라엘에게 이렇게 말씀하시는 것 같습니다. '얘야, 이런 일은 아무것도 아니란다. 내가 관심을 갖는 것은 네가 겪는 문제가 아니라 바로 너 자신이란다. 나는 너 자신을 요구한다. 더 가 보자꾸나. 지금 네게 방해가 되는 문제가 있느냐. 그렇다면 내가 그걸 없애주마. 그리고 한 걸음 더 가자. 또 한 걸음 더 나아가자.'

사람들이 우리를 보며 "너는 예수 믿는데도 왜 그런 꼴이냐? 왜 그렇게 지지리도 못살아?"라며 비난하고 오해할 때 "너는 몰라도 돼"라고 웃으며 대답하십시오. 신앙이 길을 잃는 것은 못난 형편 때문이 아닙니다. 보이는 것에 붙잡혀 사느라, 에글론을 처치하는 데에 붙잡혀 있느라 길을 잃고 헤매기 때문입니다. 이 일만 해결해 주시면 하나님에게 항복하겠습니다, 이것은 신앙이 아닙니다. 우리를 괴롭게 하는 그 일마저 감수하고 하나님 앞에 항복하십시오.

질문하기

1.

에훗이 에글론을 해치운 이야기를 해학을 넣어 그린 데는 어떤 의도가 담겨 있습니까?

2.

하나님이 우리로 전쟁을 알게 하고 우리를 시험하시는 목적은 무엇입니까?

3.

하나님은 우리에게 다가오셔서 무엇을 이루려 하십니까?

나누기

우리가 선택한 것이 하나님이 주시려고 한 것과 달라 생긴 싸움을 통해 배운 것이 있다면 나누어 봅시다.

드보라_
이름 없는 자의 명예

4 그 때에 랍비돗의 아내 여선지자 드보라가 이스라엘의 사사가 되었는데
5 그는 에브라임 산지 라마와 벧엘 사이 드보라의 종려나무 아래에 거주
하였고 이스라엘 자손은 그에게 나아가 재판을 받더라 **6** 드보라가 사람을
보내어 아비노암의 아들 바락을 납달리 게데스에서 불러다가 그에게 이르
되 이스라엘의 하나님 여호와께서 이같이 명령하지 아니하셨느냐 너는 납
달리 자손과 스불론 자손 만 명을 거느리고 다볼 산으로 가라 **7** 내가 야
빈의 군대 장관 시스라와 그의 병거들과 그의 무리를 기손 강으로 이끌어
네게 이르게 하고 그를 네 손에 넘겨 주리라 하셨느니라 **8** 바락이 그에게
이르되 만일 당신이 나와 함께 가면 내가 가려니와 만일 당신이 나와 함
께 가지 아니하면 나도 가지 아니하겠노라 하니 **9** 이르되 내가 반드시
너와 함께 가리라 그러나 네가 이번에 가는 길에서는 영광을 얻지 못하
리니 이는 여호와께서 시스라를 여인의 손에 파실 것임이니라 하고 드보
라가 일어나 바락과 함께 게데스로 가니라 **10** 바락이 스불론과 납달리
를 게데스로 부르니 만 명이 그를 따라 올라가고 드보라도 그와 함께 올

05

라가니라 … **5:12** 깰지어다 깰지어다 드보라여 깰지어다 깰지어다 너는
노래할지어다 일어날지어다 바락이여 아비노암의 아들이여 네가 사로잡
은 자를 끌고 갈지어다 **13** 그 때에 남은 귀인과 백성이 내려왔고 여호
와께서 나를 위하여 용사를 치시려고 내려오셨도다 **14** 에브라임에게서
나온 자들은 아말렉에 뿌리 박힌 자들이요 베냐민은 백성들 중에서 너
를 따르는 자들이요 마길에게서는 명령하는 자들이 내려왔고 스불론에게
서는 대장군의 지팡이를 잡은 자들이 내려왔도다 **15** 잇사갈의 방백들이
드보라와 함께 하니 잇사갈과 같이 바락도 그의 뒤를 따라 골짜기로 달
려 내려가니 르우벤 시냇가에서 큰 결심이 있었도다 **16** 네가 양의 우리
가운데에 앉아서 목자의 피리 부는 소리를 들음은 어찌 됨이냐 르우벤
시냇가에서 큰 결심이 있었도다 (삿 4 : 4 – 10, 5 : 12 – 16)

기회의 시간

본문 말씀에는 사사 드보라 이야기가 나옵니다. 에훗이 죽은 뒤 이스라엘이 하나님 앞에 다시 악을 행하자 하나님은 그들을 가나안 왕 야빈의 손에 파십니다. 야빈은 군대 장관 시스라를 시켜 폭력을 휘둘러 이스라엘을 수탈합니다. 고통을 견디다 못한 이스라엘이 하나님 앞에 부르짖자 하나님은 사사 드보라를 세워 이스라엘을 구원하십니다.

우리는 사사기를 이스라엘의 배신과 회개 그리고 이스라엘을 괴롭힌 이방 민족들을 전멸해 얻은 하나님의 구원이라는 관점에서만 읽으려는 경향이 있습니다. 그러나 사사 에훗의 이야기에서 보듯이 하나님은 장애물을 제거하는 일 곧 이스라엘을 괴롭히는 침략자들과 수탈자들을 꺾는 일에 별 관심이 없으십니다. 에훗이 에글론을 죽인 이야기에는 희극적 요소마저 보였습니다.

성경은 사사 시대를 기회의 시간으로 그리고 있습니다. 이스라엘 백성이 애굽에서 종살이를 하던 때에는 하나님의 뜻을 자유롭게 행할 수 없었습니다. 약속의 땅인 가나안에 들어가서야 비로소 하나님의 뜻을 마음껏 행할 수 있는 자유로운 상태가 되었습니다. 하나님은 사사 시대를, 자유인이 된 이스라엘 백성들의 마음에서 우러나오는 항복을 받아 내시려는 기회의 시간으로 삼으십니다.

그런데 우리는 사사들을 마치 해결사라도 되는 양 생각합니다. 약탈당하던 삶을 평안한 삶으로 바꾸어 주는 주술 정도로 오해합니다. 그러나 사사기는 사사들이 이스라엘을 구한 이야기를 외형적 구원에 불과한 것으로 소개합니다. 사사들의 구원으로 이스라엘에 각성이 일어났다거나 신앙의 진보가 있었다는 언급은 없습니다. 사사기는 그렇게 말하지 않는데도 우리는 사사들을 너무 쉽게 영웅으로 떠받드는 것 같습니다.

약한 자를 들어 권능을 세우시는 하나님

드보라는 사사기 4장과 5장에 걸쳐 소개됩니다. 할애된 분량으로 보아 드보라 이야기의 중요성을 짐작할 수 있습니다. 드보라의 활약상과 노래가 두 장에 연달아 나올 만큼 그는 뛰어난 사사로 그려져 있습니다. 그런데 믿음의 위인들을 열거한 히브리서 11장에서는 드보라를 도운 바락은 언급해도 드보라는 거론하지 않습니다. 무슨 영문일까요?

히브리서 11장은 믿음에 대한 권면을 많이 담고 있어서 '믿음장'이라고 불립니다. 여기서 말하는 믿음이란 지금 무엇인가를 이루는 방편이 아니라 종국적이며 궁극적인 것과 관계있는 것입니다. 믿음을 발휘해야 하는 현재는 영광에 이르기 위한 과정이고 따라서 기다려야 하는 시간 곧 기다림의 시간이라고 소개됩니다.

이런 시간을 살아간 믿음의 사람들로 기드온, 바락, 삼손, 다윗, 사무엘이 등장합니다. 우리는 이들을 믿음의 영웅이라고 생각합니다. 하지만 바락의 이름은 들어 있으나 드보라의 이름은 빠져 있는 것을 보면, 성경이 소개하는 믿음의 사람들은 우리가 생각하는 영웅과 거리가 있어 보입니다. 본문 말씀에서 바락은 아주 소심한 사람으로, 드보라는 매우 담대한 하나님의 종으로 소개되기 때문입니다. 이런 점은 성경을 읽는 데 중요한 실마리가 됩니다.

먼저 여인인 드보라가 사사로 세워진 일에 담긴 의미를 잘 생각해 봅시다. 드보라가 워낙 훌륭한 사람이라서 '여자임에도 불구하고 사사로 세워졌다'는 것은 강조점이 아닙니다. 그때의 형편이 '여자라도 나설 수밖에 없는' 지경이었다는 것을 방증해 줍니다.

드보라는 랍비돗이라는 사람의 아내입니다. 그런데 남편인 랍비돗이 아닌 부인인 드보라가 나서야 했던 것입니다. 이런 상황에서 군대 지휘관인 바락이 드보라가 가지 않으면 자기도 가지 않겠다고 합니다. 이에 드보라가 따라나섭니다. 그런데 '하솔과의 전투에서 바락은 영광을 얻지 못할 것'이라는 예언대로 바락은 전쟁의 최전선에 서지만 공을 세우지는 못합니다. 야빈의 군대 장관 시스라를 죽인 것은 바락이 아닌 헤벨의 아내 야엘이었기 때문입니다.

본문에는 랍비돗의 아내 드보라, 헤벨의 아내 야엘이라는 표현이 계속 반복됩니다. 이런 표현을 읽으면, 그럼 랍비돗은 뭐하고 있는가, 헤벨은 대체 뭐하고 있는가, 어디 가서 뭘 하고들 있기에 부인들이 나서야 하는가 하는 물음이 나오게 됩니다.

드보라의 이야기에는 이런 수치스러운 상황이 배경으로 깔려 있습니다. 그때 이스라엘은 가부장적 사회였다, 그런데 권력을 쥔 남자들이 여자들과 아이들을 보호할 수 없었다, 그래서 보호를 받아야 하는 이들이 전쟁의 최전선까지 내몰려 나라를 구해야 했다, 라는 것이 사사 드보라 이야기에 담긴 내용입니다. 이런 내용은 시편에서도 볼 수 있습니다. 시편 8편입니다.

> 여호와 우리 주여 주의 이름이 온 땅에 어찌 그리 아름다운지요 주의 영광이 하늘을 덮었나이다 주의 대적으로 말미암아 어린 아이들과 젖먹이들의 입으로 권능을 세우심이여 이는 원수들과 보복자들을 잠잠하게 하려 하심이니이다 (시 8:1-2)

주의 이름의 위엄이 온 땅에 넘칩니다. 그 영광이 충만합니다. 하나님은 대적들에 맞서 어린아이들과 젖먹이들의 입을 사용하십니다. 그들을 통해 원수들과 보복자들을 잠잠하게 하려 하신다고 합니다. 어린아이와 젖먹이란 어떤 존재입니까? 아무 능력 없는 이들, 보호가 가장 필요한 이들을 상징합니다. 그런데 이들을 통해 하나님이 권능을 세우신다고 시편 8편에 기록되어 있는 것입니다. 이것은 사사기 내내 강조되는 메시지입니다. 특히 본문 말씀 드보라의 이야기가 드러내고자 하는 메시지입니다.

사사기의 이 가르침이 우리 삶에 실제로 어떻게 적용될 수 있을까요? 아무것도 아닌 것 같은 우리 존재가 매우 중요하다는 사실을 알아야 합니다. 예수가 이 땅에 오셨을 때 그러셨던 것처럼 우리 역시 아무것도 아닌 모습으로 존재합니다. 우리는 누구의 아내에 불과합니다. 성경이 여인을 '누구의 아내'로 표현하는 수사법을 이해해야 합니다.

보호받던 자에서 보호하는 자로

모두에게 현실은 피할 수 없고 조건과 제한 속에 있다는 점은 동등한데, 인류는 자꾸 이것을 놓치고 꿈꾸듯 살아갑니다. 누구를 부러워하느라 자신의 현실을 살아 내지 못하고 분노와 거부와 체념으로 그 현실을 덮어 버립니다. 그렇게 되면 신앙조차 맥을 못 쓰게 되는데, 사사기 5장에 나오는 드보라의 노래에는 이런 정경이 담담하게 드러나 있습니다.

드보라의 노래가 그려 내는 상황은 어떤 것입니까? 사사기 5장 28절 이하에 잘 나와 있습니다. 시스라의 어머니는 시녀들에게 시스라가 오지 않는 이유를 묻고 답변을 듣고서야 위안을 얻습니다. "틀림없이 이긴 후에 어디 가서 약탈한 것들을 나누고 있겠지. 용사 하나에 여자 하나둘씩 얻어 노리개로 삼아 즐기고 있을 것이다." 이런 노랫말이 왜 여기 등장할까요? 그런 일이 늘 있었고 누구도 그런 상황에서 벗어날 힘이 없었다는 점을 암시해 주는 것입니다.

이런 현실에서 하나님이 구원해 주신 것입니다. 현실에서 늘 반복되어 온 비극, 노리개의 운명에서 벗어나게 해 주신 것입니다. 노리개로 살 수밖에 없던 여인과 어린이를 구하는 일은 가부장제 사회에서는 힘과 책임을 가진 남자들의 몫입니다. 그런데 남자들이 이 일을 못하고 있으며 세상이 모두 나서도 그들을 보호하지 못하고 있는 상황에서 하나님이 그 일을 하십니다.

하나님은 이 일을 어떻게 이루십니까? 우리가 기대하듯 힘을 가진 이들에게 맡기지 않으시고 그와 정반대에 있는 이들 곧 보호의 대상에 불과했던 자들을 세우십니다. 보호받던 자들이 보호자로 나타나는 반전을 펼치십니다. 그렇게 하셔서 그들이 처한 세상의 현실이 잘못되었음을 보이십니다. 인류가 처한 상황이 하나님의 통치와 대조되는 정황과 운명 속에 있음을 드러내 주고 있습니다.

드보라의 승리는 어린아이와 젖먹이의 입으로 권능을 세우시는 하나님의 역사입니다. 이렇게 하나님의 역사는 어린아이와 젖먹이에서 여인으로 나아갑니다. 한편 그들이 당하는 비참함도 더욱 깊어집니다. 드보라의 노래는 하나님의 구원에 대한 경탄이자 비명인 것입니다.

하나님, 당신의 큰 구원과 승리를 우리가 목도합니다, 그런데 왜 하필 여인들에게 이 일을 시키십니까, 이 일을 당연히 책임져야 할 남자들에게 시키셨어야죠, 장막 말뚝을 들고 일어나 머리통을 박살 내는 참혹한 일을 왜 여인들에게 시키셨습니까, 하나님, 왜 이렇게 일하십니까, 라는 비명입니다. 이것이 모든 인류의 현실입니다.

시스라의 어머니는 시스라가 늦는 진짜 이유를 알지 못합니다. 그가 패배해서 죽었다고는 전혀 생각하지 못합니다. 당연히 전리품을 갖고 놀다가 늦는 줄로 알고 있습니다. 시스라는 이미 죽었는데 말입니다. 기가 막힌 증언입니다. 시스라의 어머니는 지금 하나님이 벌이시는 일을 상상도 못하고 있는 것입니다. 하나님은 어떻게 일하셨습니까. 하나님은 여인들을 통해 상상도 못할 방식으로 이스라엘을 구원해 내셨습니다.

그러니 하나님의 일하심은 세상이 추구하는 식으로 발견되지 않습니다. 세상이 상상할 수 없는 곳에서 답이 만들어집니다. 하나님이 그 답을 만드시느라 여인 드보라를 사용하셨고 드보라처럼 주변인인 우리를 들어 쓰십니다. 여기에 오늘을 사는 일에 대한, 하나님의 일하심에 대한 기독교 신앙의 본질적 이해가 있습니다.

자신의 인생과 조건을 기꺼이 감수하고 살겠습니까? 하나님이 어린아이와 젖먹이와 과부와 처녀를 통해 일하신다는 것을 본문 말씀을 통해 확인하고 내 인생이 바로 하나님이 일하시는 현장이라는 사실도 함께 묶어 기억하십시오. 무엇으로도 대체할 수 없는 위대하고 명예로운 생애가 될 것입니다.

질문하기

1.

여인인 드보라가 사사로 세워진 일이 방증하는 그때의 형편은 무엇입니까?

2.

시편 8편은 하나님이 어떤 이들을 통해 권능을 세우신다고 기록되어 있습니까?

3.

보호의 대상에 불과했던 자들이 보호자로 나타나는 반전이 드러내 주는 것은 무엇입니까?

나누기

상상할 수 없는 방법으로 일하시는 하나님에 대한 경험이 있다면 함께 나누어 봅시다.

기드온_ 에봇을 만들다

22 그 때에 이스라엘 사람들이 기드온에게 이르되 당신이 우리를 미디
안의 손에서 구원하셨으니 당신과 당신의 아들과 당신의 손자가 우리를
다스리소서 하는지라 **23** 기드온이 그들에게 이르되 내가 너희를 다스리
지 아니하겠고 나의 아들도 너희를 다스리지 아니할 것이요 여호와께서
너희를 다스리시리라 하니라 **24** 기드온이 또 그들에게 이르되 내가 너
희에게 요청할 일이 있으니 너희는 각기 탈취한 귀고리를 내게 줄지니라
하였으니 이는 그들이 이스마엘 사람들이므로 금 귀고리가 있었음이라
25 무리가 대답하되 우리가 즐거이 드리리이다 하고 겉옷을 펴고 각기
탈취한 귀고리를 그 가운데에 던지니 **26** 기드온이 요청한 금 귀고리의
무게가 금 천칠백 세겔이요 그 외에 또 초승달 장식들과 패물과 미디안
왕들이 입었던 자색 의복과 또 그 외에 그들의 낙타 목에 둘렀던 사슬이
있었더라 **27** 기드온이 그 금으로 에봇 하나를 만들어 자기의 성읍 오브
라에 두었더니 온 이스라엘이 그것을 음란하게 위하므로 그것이 기드온
과 그의 집에 올무가 되니라 **28** 미디안이 이스라엘 자손 앞에 복종하여

06

다시는 그 머리를 들지 못하였으므로 기드온이 사는 사십 년 동안 그 땅이 평온하였더라 (삿 8 : 22 – 28)

기드온은 믿음의 영웅인가

기드온은 미디안의 침략과 수탈에 신음하던 이스라엘을 구원한 사사입니다. 그런데 사사기는 우리의 기대와 달리 사사 기드온을 위대한 용사나 훌륭한 신앙인으로 그려 내고 있지 않습니다.

기드온에게 승리를 허락하실 때 하나님은 이 승리가 하나님으로 말미암은 것임을 확인시키기 위해 그의 군사를 삼백 명으로 줄이십니다. 여기 삼백 명은 소수 정예로 선발된 사람들이 아닙니다. 이 숫자에 '잘 가려 뽑은 믿음의 용사'라는 의미를 부여해서는 안 됩니다. 삼백 명은 기드온과 그의 용사들이 얻은 승리가 결코 그들의 힘으로 말미암은 것이 아님을 드러내는 증거일 뿐입니다. 미디안과의 전투는 십이만 명의 미디안 군사가 죽고 겨우 만 오천 명만이 패잔병으로 도망갈 만큼 이스라엘의 큰 승리로 끝납니다.

미디안과의 전투에서 기드온을 도운 지파는 므낫세, 아셀, 스

블론, 납달리 정도입니다. 기드온은 미디안을 격파한 후에 도망가는 적과 잔당들을 잡기 위해 에브라임 지파에 도움을 요청합니다. 이에 에브라임이 미디안 군대가 도망가는 길목을 막아 오렙과 스엡, 두 지휘관을 죽입니다.

한편 기드온은 퇴각하여 숨어 있는 미디안의 두 왕 세바와 살문나를 사로잡아 옵니다. 그는 세바와 살문나가 자기 형제들을 죽인 사실을 확인하고서 그 둘을 죽입니다. 대승을 거두며 전쟁이 마무리되자 이스라엘 백성이 기드온에게 한 가지 요청을 합니다. 미디안의 손에서 자신들을 구원해 주었으니 기드온과 그의 자손들이 대대로 자기들을 다스려 달라는 것입니다. 왕이 되어 달라는 요청입니다. 그러나 기드온은 이를 거절합니다.

본문 말씀에서는 왕이 되어 달라는 이스라엘의 요구와 기드온의 거절, 이어 기드온이 에봇을 만든 일을 언급하고 있습니다. 성경이 기드온에 대해 말하고 싶은 내용이 이 사건에 들어 있습니다. 우리의 기대대로 그는 과연 믿음의 영웅일까요?

에봇을 만든 기드온

먼저 자기네를 다스려 달라는 이스라엘 백성의 요청을 거절하면서 기드온이 했던 말을 생각해 봅시다. 8장 23절입니다. "기드온이 그들에게 이르되 내가 너희를 다스리지 아니하겠고 나의 아들도 너희를 다스리지 아니할 것이요 여호와께서 너희를 다스리시리라 하니라."

이 구절만 보면 기드온이 상당한 신앙의 경지에 있는 것으로 보입니다. 그러나 그는 곧 에봇을 만들어 이스라엘 백성을 잘못된 길로 인도합니다. 이스라엘이 그 에봇을 음란하게 섬기게 되기 때문입니다. 기드온의 이런 행동으로 보아 어느 쪽이 그의 진심이고 실력인지 쉽게 분별할 수가 없습니다.

사사 시대에는 사사가 제사장 역할과 선지자 역할을 겸했습니다. 에봇은 원래 제사장이 입는 상의인데 기드온은 이것을 금으로 만듭니다. 금으로 만들었다는 점에서 알 수 있듯 이 에봇은 착용하려고 만든 것이 아닙니다. 자신이 신탁을 받았다는 상징으로 만든 것입니다.

기드온은 백성들이 자기네를 다스려 달라는 요구를 여호와의 이름을 내세우며 거절했지만, 이 거절은 신앙적 분별에서 나온 것이 아니라 정치적 판단에서 나온 것으로 보입니다. 기드온은 권력과 지위를 가지고 싶었으나 정치력과 군사력에서 자신의 기반이 취약함을 잘 알고 있었습니다. 그래서 하나님을 빙자하여 자신의 지위를 유지하고자 에봇을 만든 것입니다.

기드온이 에봇의 힘을 빌리고자 했던 이유는 무엇일까요? 에브라임과의 관계에서 위축된 기드온의 태도를 보면 잘 알 수 있습니다. 8장 1절을 봅시다. "에브라임 사람들이 기드온에게 이르되 네가 미디안과 싸우러 갈 때에 우리를 부르지 아니하였으니 우리를 이같이 대접함은 어찌 됨이냐 하고 그와 크게 다투는지라." 이 구절에서 보듯 기드온은 미디안과의 전투에서 적군을 맹추격하는 가운데 에브라임 지파의 반발에 부딪칩니다. 에브라임 지파는 자신들이 미디안과의 본 전투에서는 싸우지 못하고 기드온과 다른 지파가 다 이겨 놓은 후에 뒤처리를 맡게 되자 화가 난 것입니다. 겨우 패잔병 따위를 소탕하는 일에 부름받았다는 것입니다. 처음에는 에브라임도 기드온이 미디안을 대파할 줄은 예상하지 못했을 것입니다. 그러니 에브라임의 불평은 대승을 거둔 기드온이 우월한 지위에 서게 될 것을 두려워하여 나온 정치적 반발이었을 것입니다.

에브라임은 유다와 쌍벽을 이루는 지파입니다. 선지서를 보면 이스라엘을 "이스라엘아" 또는 "야곱아"라고 부르기도 하지만 "에브라임아"라고 부르기도 합니다. 그만큼 에브라임은 이스라엘을 대표하는 중요한 지파입니다.

이 에브라임 앞에 기드온은 꼬리를 내립니다. 8장 2절에서 보듯 '내가 이제 행한 일이 너희가 한 것에 비교되겠느냐 에브라임의 끝물 포도가 아비에셀의 맏물 포도보다 낫지 아니하냐'라고 바짝 엎드립니다. 에브라임 사람들은 기드온의 이 말을 흡족하게 여깁니다.

기드온이 에봇의 힘을 빌리고자 했던 또 다른 이유는 앞서 언급한 세바와 살문나 사건에서도 잘 드러납니다. 미디안의 두 왕 세바와 살문나를 추적하던 기드온은 마침내 이들을 사로잡고 그들이 죽인 사람들에 대해서 묻습니다. 세바와 살문나는 기드온을 대단히 얕잡아 보아 이 질문에 겁내지 않고 답합니다. 자신들이 죽인 자들이 기드온의 형제들이었다고 시인합니다.

세바와 살문나가 자기 형제들을 죽였음을 확인한 기드온은 자신의 장자 여델에게 그들을 죽이라고 명령합니다. 그런데 여델은 아직 어리고 겁이 많아 그들을 죽이지 못합니다. 이를 두고 세바와 살문나가 조롱합니다. "너는 이스라엘의 군 지휘자로 우리를 사로잡아 놓고서는 왜 네가 직접 죽이지 않고 네 아들을 시키느냐. 사내대장부답지 않게 왜 남의 손에 피를 묻히려고 하느냐?"라며 죽음을 앞둔 상황에서조차 기드온을 비웃습니다. 이 말에 모멸감을 느낀 기드온이 자기 손으로 이 둘을 죽여 버립니다. 이 일은 당시 이스라엘 내에서 기드온의 지위가 어떠했는지를 시사해 줍니다.

기드온의 행적과 마찬가지로 그의 인간 됨됨이에도 용사에게서 기대할 수 있는 늠름한 기상이나 위대함, 용맹함 같은 것은 보이지 않습니다. 바알 제단을 헐 때나 미디안과의 싸움을 앞두고 기드온이 주저하던 모습을 떠올려 보면 잘 알 수 있습니다.

이런 정황들을 염두에 두고 생각해 보면 기드온이 이스라엘 사람들의 왕이 되어 달라는 요구는 거절하면서도 에봇을 만든 이유를 찾을 수 있습니다. 기드온은 미디안과의 싸움에서 대승을 거둔 업적에 상응하는 대접과 지위를 확보하고 싶어 그렇게 한 것입니다. 그리고 향후 이스라엘 내에서 받게 될 공격도 예방하고 싶은 것입니다. 자기를 향한 시기나 위해를 미리 막아 안전을 보장받고 싶어서 금으로 에봇을 만들었던 것입니다.

그런데 이 에봇으로 인해 이스라엘은 큰 죄에 빠집니다. 아니 어쩌면 에봇을 만든 것이 그들의 실체를 드러내 준 계기가 되었다고 할 수 있습니다. 27절에 보면 '기드온이 그 금으로 에봇 하나를 만들어 자기의 성읍 오브라에 두었더니 온 이스라엘이 그것을 음란하게 위'했다고 합니다. 이것이 바로 이스라엘의 참모습입니다. 우상을 섬기던 것과 똑같이 에봇을 섬기는 것입니다.

이것이 사사기가 내내 증언하는 당시 이스라엘 사회의 실상입니다.

사사기를 읽은 자답게

앞으로 돌아가 기드온이 사사로 등장하게 된 배경을 다시 살펴보면서 이스라엘의 실체가 무엇인지 생각해 봅시다. 사사기 6장입니다.

> 이스라엘 자손이 미디안으로 말미암아 여호와께 부르짖었으므로 여호와께서 이스라엘 자손에게 한 선지자를 보내시니 그가 그들에게 이르되 여호와께서 이같이 말씀하시기를 이스라엘의 하나님 내가 너희를 애굽에서 인도하여 내며 너희를 그 종 되었던 집에서 나오게 하여 애굽 사람의 손과 너희를 학대하는 모든 자의 손에서 너희를 건져내고 그들을 너희 앞에서 쫓아내고 그 땅을 너희에게 주었으며 내가 또 너희에게 이르기를 나는 너희의 하나님 여호와이니 너희가 거주하는 아모리 사람의 땅의 신들을 두려워하지 말라 하였으나 너희가 내 목소리를 듣지 아니하였느니라 하셨다 하니라 (삿 6:7-10)

이런 배경에서 구원자 기드온이 등장합니다. 미디안으로 인한 곤고함, 재난, 그래서 부르짖는 비명과 호소에 하나님이 선지자를 앞서 보내십니다. 이스라엘의 처지를 개선하여 현실 문제를 해결하는 것보다 하나님이 우선하는 바가 있어서 선지자를 보내 말씀하신 것입니다.

나 주 이스라엘의 하나님이 말한다, 내가 애굽 곧 너희가 종살이하던 땅에서 너희를 구했다, 그리고 약속의 땅으로 너희를 보내 너희가 보는 앞에서 그 원주민을 쫓아내고 그 땅을 너희에게 주었다, 너희가 아모리 사람의 땅에서 살고 있으나 그들의 신들을 섬기지 마라, 나는 너희와 함께 폭력의 신, 약탈의 신이 지배하는 사회를 청산하려고 했다, 새로운 나라, 공의와 평화, 진실과 자비와 긍휼이 시행되는 나라를 너희와 함께 만들려고 했던 것이다, 그러나 너희는 나를 버리고 그들을 섬겨 폭력과 약탈이 난무하는 비참한 사회를 자초하였다, 너희는 내 말을 듣지 않았다, 라고 말씀하십니다.

그러나 이스라엘은 이 말을 알아듣지 못합니다. 그들은 끊임없이 현실 문제의 해결만을 소원합니다. 정치적, 사회적, 군사적, 경제적 해결만을 기대할 뿐 하나님의 백성으로 살고자 하는 소원은 없습니다. 이것이 사사기 내내 반복됩니다.

이런 잘못을 저지르기는 오늘날 우리도 마찬가지입니다. 예수 믿는 것이 무엇인지를 오해하면 이처럼 잘못된 신앙을 갖게 됩니다. 본문 말씀에 빗대어 표현해 보면 이런 신앙은 에봇에 불과합니다. '내가 다스리지 않고 여호와가 다스리신다'라고 말은 멋지게 하면서 말입니다. 이와 같은 잘못된 신앙은 자신의 정체성을 이해하지 못해서 생긴 것이기도 합니다.

자신의 정체성에 대한 이해가 부족하다는 것은 무엇일까요? 하나님은 이스라엘을 애굽에서 꺼내 당신의 나라를 세우고자 하셨습니다. 그래서 이스라엘을 거룩한 백성으로 불러 제사장 나라로 삼으신 것입니다. 이렇게 부름받은 이스라엘은 자신의 존재와 역사를, 그 사회와 나라를 하나님 통치의 아름다움으로 채워야 했습니다. 그러나 실패하고 맙니다. 자신의 진정한 정체성을 깨닫지 못했기 때문입니다.

신약 시대에서도 마찬가지의 일을 봅니다. 하나님은 칼과 창으로 구원을 이루지 않으시고 예수를 보내어 구원을 이루십니다. 교회는 이런 하나님의 일하심을 담는 곳입니다. 이와 같은 교회의 정체성을 제대로 이해하지 못하면, 우리는 하나님이 만들고자 하시는 나라를 이해할 수 없습니다. 또 그 나라의 내용을 담아내고 살아 내는 책임도 이해할 수 없습니다. 다만 안심과 권력을 구할 뿐입니다. 에베소서 5장에 가 봅시다.

> 그런즉 너희가 어떻게 행할지를 자세히 주의하여 지혜 없는 자 같이 하지 말고 오직 지혜 있는 자 같이 하여 세월을 아끼라 때가 악하니라 (엡 5:15-16)

이 구절은 마치 기드온 사건 뒤에 이어져야 할 말씀 같습니다. 그런즉 너희는 기드온 사건을 주의하여 보아라, 그리하여 너희가 어떻게 행할지를 자세히 살펴 지혜 있는 자같이 하라, 이렇게 권면하는 것 같습니다. 어떻게 살아가야 할지를 자세히 주의하라, 무엇이 진정한 신앙생활인지 알아라, 하나님이 의도하시고 목적하시고 일하시는 방법을 깨달아라, 그렇게 세월을 아껴라, 이런 권면입니다. 이 시대를 살아가는 신자이자 사사기를 읽은 자로서 이러한 권면에 귀 기울이며 각자의 인생을 살아가십시오. 때가 악하니 세월을 아껴 살아가십시오.

질문하기

1.

기드온의 삼백 용사는 무엇을 드러내는 증거입니까?

2.

기드온이 에봇을 만든 이유는 무엇입니까?

3.

미디안 때문에 여호와께 부르짖는 이스라엘의 소원에 대해 설명해 봅시다.

나누기

교회의 정체성을 제대로 이해하지 못할 때 어떤 일이 벌어지는지 함께 나누어 봅시다.

아비멜렉_
모두가 처한 자리

7 사람들이 요담에게 그 일을 알리매 요담이 그리심 산 꼭대기로 가서
서서 그의 목소리를 높여 그들에게 외쳐 이르되 세겜 사람들아 내 말을
들으라 그리하여야 하나님이 너희의 말을 들으시리라 8 하루는 나무들
이 나가서 기름을 부어 자신들 위에 왕으로 삼으려 하여 감람나무에게
이르되 너는 우리 위에 왕이 되라 하매 9 감람나무가 그들에게 이르되
내게 있는 나의 기름은 하나님과 사람을 영화롭게 하나니 내가 어찌 그
것을 버리고 가서 나무들 위에 우쭐대리요 한지라 10 나무들이 또 무화
과나무에게 이르되 너는 와서 우리 위에 왕이 되라 하매 11 무화과나무
가 그들에게 이르되 나의 단 것과 나의 아름다운 열매를 내가 어찌 버리
고 가서 나무들 위에 우쭐대리요 한지라 12 나무들이 또 포도나무에게
이르되 너는 와서 우리 위에 왕이 되라 하매 13 포도나무가 그들에게
이르되 하나님과 사람을 기쁘게 하는 내 포도주를 내가 어찌 버리고 가
서 나무들 위에 우쭐대리요 한지라 14 이에 모든 나무가 가시나무에게
이르되 너는 와서 우리 위에 왕이 되라 하매 15 가시나무가 나무들에게

07

이르되 만일 너희가 참으로 내게 기름을 부어 너희 위에 왕으로 삼겠거든 와서 내 그늘에 피하라 그리하지 아니하면 불이 가시나무에서 나와서 레바논의 백향목을 사를 것이니라 하였느니라 (삿 9 : 7 – 15)

왕이 되려 했던 아비멜렉

아비멜렉은 사사가 아닙니다. 기드온의 서자(庶子)에 불과한 아비멜렉 이야기는 기드온이 사사로서 행한 일의 후유증을 보여줍니다. 나라를 구했지만 중앙 권력을 잡기에는 기반이 부족했던 기드온은 백성들의 요구가 있었음에도 왕이 되는 일을 사양합니다. 그렇지만 여전히 구국 영웅으로서 사회적 지위와 영화를 누리고 있습니다. 8장 29절 이하를 봅시다.

> 요아스의 아들 여룹바알이 돌아가서 자기 집에 거주하였는데 기드온이 아내가 많으므로 그의 몸에서 낳은 아들이 칠십 명이었고 세겜에 있는 그의 첩도 아들을 낳았으므로 그 이름을 아비멜렉이라 하였더라 (삿 8:29–31)

기드온에게는 아들이 칠십 명이나 있었습니다. 그만큼 많은 아내를 거느린 것인데, 이는 사회적 지위나 재정적 뒷받침이 있어야 가능한 일입니다. 아비멜렉은 기드온이 세겜에 있는 첩에게서 낳은 아들입니다. 그의 이름은 '나의 아버지는 왕'이라는 뜻입니다. 이름에서 보듯 아비멜렉은 구국 영웅의 지위와 권세를 가진 이를 아버지로 둡니다. 하지만 그는 서자이기 때문에 아버지에게서 아무것도 이어받을 수 없는 참으로 원망스러운 조건 속에 살아가게 됩니다.

장성한 아비멜렉은 자신의 외가가 모여 사는 세겜으로 가서 지원을 받아 경박한 사람들을 사서 자기를 따르게 합니다. 그리고 자기의 배다른 형제들을 다 죽입니다. 이렇게 스스로 왕 아닌 왕이 되어 세 해 동안 이스라엘을 다스립니다. 아비멜렉과 세겜 사람들은 서로 돕고 힘을 합쳐 그럭저럭 살아가지만 결국 이 둘 사이에 반목하는 일이 생깁니다.

성경은 이 일을 요담의 저주를 언급한 후에 기록하고 있습니다. 이런 반목이 우연한 일이 아님을 증언하는 것입니다. 요담은 아비멜렉이 배다른 자기 형제 칠십 명을 죽일 때 숨어 있다가 겨우 살아남은 기드온의 막내아들입니다. 요담은 본문 말씀에 나온 우화를 들어 아비멜렉을 비난합니다. 우화의 주제는 '자신의 진정한 정체성을 이해한 사람이라면 결코 왕이 되려 하지 않는다'는 것입니다.

나무들이 감람나무, 무화과나무, 포도나무에게 왕이 되어 달라고 요청하지만 모두 거절합니다. 하나님과 사람을 기쁘게 하는 열매 맺는 일을 그만두고 나무들 위에 군림하려고 왕이 될 수는 없다는 이유를 들면서 말입니다.

이들이 왕이 되어 달라는 나무들의 청을 거절하는 이유는 무엇입니까? 자기들의 영광은 왕이라는 지위에서 나오는 것이 아님을 알고 있기 때문입니다. 그들의 영광은 그들 자신의 정체성 속에 있는 것입니다. 감람나무로 존재하는 것, 무화과나무로 존재하는 것, 포도나무로 존재하는 것이 그 자체로 영광이어서 굳이 왕이 될 이유가 없다는 것입니다.

계속된 거절 후에 나무들은 결국 가시나무에게 왕이 되어 달라고 말합니다. 가시나무는 자신의 영광으로 삼을 자기만의 정체성을 발견하거나 이해하지 못했습니다. 그래서 왕이 되어 달라는 나무들의 제안을 받아들입니다. 그러면서 이런 말을 합니다. "너희가 나를 왕으로 삼겠다면 내 그늘로 피해 숨어야 한다. 그렇지 않으면 이 가시덤불에서 불을 뿜어낼 것이다. 내 밑으로 들어오지 않으면 레바논의 백향목도 불살라지고 말 것이다." 가시나무를 왕으로 삼은 나무들과 가시나무가 모두 망하게 되는 이유가 여기 담겨 있습니다. 가시나무를 왕으로 삼으니 나무들이 불에 타 죽는 결과가 따라오는 것입니다.

요담의 우화대로 아비멜렉과 세겜은 서로가 서로에게 망하는 원인과 도구가 됩니다. 둘이 불화하게 되자 세겜은 아비멜렉을 배반하고 아비멜렉은 세겜으로 쳐들어갑니다. 세겜 사람들은 공격을 피하여 요새로 도망가지만, 아비멜렉은 불을 놓아 그들을 다 죽입니다. 또 자신을 반대하는 데베스에도 쳐들어가서 망대에 불을 지르려고 합니다. 이때 한 여인이 아비멜렉에게 맷돌 위짝을 던지자 아비멜렉이 맞아 머리가 깨집니다. 여인에게 죽임을 당했다는 사실이 알려질까 봐 두려웠던 아비멜렉은 무기를 들고 다니는 젊은 병사에게 자신을 죽이라고 명령합니다. 그렇게 아비멜렉은 죽음을 맞습니다.

아비멜렉 사건은 당시 이스라엘 사람들이 불의한 연합과 폭력으로 거둔 결과가 무엇인지 보여 줍니다. 자초한 일로 실컷 벌을 받은 것입니다. 이 사건을 보며 이들은 왜 이렇게 못나게 구는가 하고 묻는 것에서 그치면 안 됩니다. 이렇게 지적하는 것으로는 아무 교훈도 얻을 수 없습니다.

이스라엘은 이런 어두운 사건을 자기네 역사로 인정하여 기록해 두었습니다. '이스라엘의 암흑기'라고 불리는 사사 시대의 역사를 자기네들의 역사로 받아들이고 있는 것입니다. 이 점을 깊이 묵상해 보아야 합니다. 나아가 이런 역사가 성경의 한 책을 이루고 있다는 점을 기억해야 합니다. 여기에 성경의 위대함이 있습니다. 아비멜렉 사건과 같은 역사를 통해 우리는 인간의 정체성과 하나님의 일하심에 대한 넓고 깊은 이해로 나아가게 됩니다.

십자가로 이루신 일

이 문제에 대해 성경은 무엇이라고 이야기하는가 봅시다. 아비멜렉 사건은 어떤 범주에 넣어야 할까요? 미쳐서 날뛰는 것 같은 이 사람들을 보며 왜 그러는지 이해하지 못하겠다고, 나와 다르다며 구별해서 정죄하라고 이런 사건을 보여 주는 것일까요? 성경이 말하는 신앙이, 성경이 전하는 구원과 은혜가 과연 그런 것인가 잘 생각해 보아야 합니다. 골로새서 2장에 가 봅시다.

> 너희가 세례로 그리스도와 함께 장사되고 또 죽은 자들 가운데서 그를 일으키신 하나님의 역사를 믿음으로 말미암아 그 안에서 함께 일으키심을 받았느니라 또 범죄와 육체의 무할례로 죽었던 너희를 하나님이 그와 함께 살리시고 우리의 모든 죄를 사하시고 우리를 거스르고 불리하게 하는 법조문으로 쓴 증서를 지우시고 제하여 버리사 십자가에 못 박으시고 통치자들과 권세들을 무력화하여 드러내어 구경거리로 삼으시고 십자가로 그들을 이기셨느니라 (골 2:12-15)

십자가의 승리, 십자가의 구원이 우리에게는 윤리적이고 도덕적이고 종교적이고 의지적인 것으로 각인되어 있습니다. 그러나 성경은 그렇게 이야기하지 않습니다. 예수 그리스도가 십자가로 이루신 일이 무엇이냐고 할 때, 14절은 "우리를 거스르고 불리하게 하는 법조문으로 쓴 증서를 지우시고 제하여 버리사 십자가에 못 박으시고"라고 말씀합니다. 아비멜렉 사건을 십자가에 적용해 보면, 하나님은 그런 참혹하면서도 한심한 역사를 지우고 찢어 버리고 십자가에 못 박으신 것입니다. 이것이 십자가, 곧 예수로 인한 구원입니다.

예를 들어 우리가 빚에 쪼들리다가 이런 각서를 쓰게 되었다고 생각해 봅시다. '이억 원을 연 30퍼센트 이율로 1년 동안 빌려준다. 변제를 미룰 때마다 손가락을 하나씩 자른다'라는 문구를 차용증서에 써넣고 도장을 찍어 공증까지 했다고 합시다. 얼마나 무섭고 가혹한 일이겠습니까. 그런데 예수님이 그런 차용증서를 지워 버리고 찢어 버리고 불태워 없애신 것입니다. 십자가는 바로 이런 것입니다.

만일 십자가를, 착한 자와 악한 자를 구별하는 기준으로 삼고 있다면 기독교를 아직 모르는 것입니다. 아니, 기독교나 예수를 모른다고 하기 전에 먼저 인간과 인생에 대한 진지한 이해가 없는 것입니다.

인간이 얼마나 치사하고 독한 존재인지는 우리도 많이 당해 보았습니다. 또 우리 스스로 다른 이들에게 그렇게 굴어 보기도 했습니다. 그런데 우리가 정말 어떤 존재인가 하는 사실을 먼저 깨달아야만 십자가로 이루어진 일이 얼마나 크고 놀라운 일인지를 알 수 있습니다. 그제야 인간의 현실을 직시한 성경의 기록을 바로 볼 수 있을 것입니다. 또 예수를 믿고 구원을 받았다는 말이 무슨 말인지 알게 될 것입니다. 십자가에 대한 감사는 우리의 비참한 현실에 대해 몸서리칠 만큼 전율할 때 나올 수 있는 감사입니다.

정체성의 근거

가장 포악한 존재가 예수 안에서 가장 영광스러운 존재가 될 수 있다는 데에 인간이라는 존재의 이중적 경이가 있습니다. 악하면 가장 악할 수 있고, 영광스러우면 가장 영광스러울 수 있는 존재가 인간입니다. 부패하면 그 어떤 것보다도 더 심하게 부패하는 존재가 바로 인간인 것입니다. 인간의 이러한 현실에 대하여 로마서 3장이 이렇게 말씀합니다.

> 우리가 알거니와 무릇 율법이 말하는 바는 율법 아래에 있는 자들에게 말하는 것이니 이는 모든 입을 막고 온 세상으로 하나님의 심판 아래에 있게 하려 함이라 그러므로 율법의 행위로 그의 앞에 의롭다 하심을 얻을 육체가 없나니 율법으로는 죄를 깨달음이니라 (롬 3:19-20)

율법 앞에 당당한 사람은 아무도 없다, 의롭다 하심을 얻을 이는 아무도 없다, 그 누구도 하나님의 진리와 의로움을 만족하게 할 수 없다는 사실이 다만 관념이나 개념이 아니라는 것은 나이가 들면 누구나 스스로 알게 되는 일입니다. 이 사실을 처절하게 깨닫는 자리야말로 복음을 소개받을 수 있는 출발점이 됩니다.

> 그러므로 율법의 행위로 그의 앞에 의롭다 하심을 얻을 육체가 없나니 율법으로는 죄를 깨달음이니라 이제는 율법 외에 하나님의 한 의가 나타났으니 율법과 선지자들에게 증거를 받은 것이라 곧 예수 그리스도를 믿음으로 말미암아 모든 믿는 자에게 미치는 하나님의 의니 차별이 없느니라 모든 사람이 죄를 범하였으매 하나님의 영광에 이르지 못하더니 그리스도 예수 안에 있는 속량으로 말미암아 하나님의 은혜로 값 없이 의롭다 하심을 얻은 자 되었느니라 이 예수를 하나님이 그의 피로써 믿음으로 말미암는 화목제물로 세우셨으니 이는 하나님께서 길이

참으시는 중에 전에 지은 죄를 간과하심으로 자기의 의로우심을 나타내려 하심이니 곧 이 때에 자기의 의로우심을 나타내사 자기도 의로우시며 또한 예수 믿는 자를 의롭다 하려 하심이라 (롬 3:20-26)

하나님이 당신과 우리의 관계에서 우리를 의롭다고 인정해 주시는 것이 구원입니다. 하나님의 자녀라는 지위를 회복해 주시는 것입니다.

이 일은 어떻게 이루어질 수 있을까요? 구약을 보면, 인간은 자신의 죄를 희생 제물에 전가하고 그 희생 제물을 바칩니다. 그러면 하나님은 인간을 처벌해야 마땅한데도 인간이 지은 죄를 희생 제물에 돌려 죄지은 사람과의 관계를 회복하십니다. 이것이 제사 제도입니다. 신약에 오면, 하나님은 짐승이 아닌 자기 아들을 속죄 제물로 삼으십니다.

인간이 회개해서 구원을 받는 것이 아니며 자신을 스스로 성결하게 함으로써 구원이 시작되는 것도 아닙니다. 회개든 성결이든 이는 다 하나님과의 관계가 회복되어야만 할 수 있는 일입니다. 산상수훈은 마음이 가난한 자가 복이 있다고 가르칩니다. 마음이 가난하다는 것은 인간에 대해서 절망하는 마음을 말합니다. 인간에게 구원이 필요하다는 사실을 아는 것이 가난한 마음입니다. 하나님과의 관계가 정상화되어 하나님이 우리의 아버지이시고 우리는 그분의 자녀라는 지위를 회복하지 못하면 인간은 참다운 정체성을 발견할 수 없습니다.

그러니 우리는 본문 말씀으로 이런 깨달음을 얻게 됩니다. 정체성이 없는 자는 희망이 없다, 그 정체성은 하나님이 아닌 다른 어떤 것에서도 근거를 찾을 수 없다, 우리가 우리 존재의 근거를 자신 안에서 찾으려 하고 자기의 능력으로 자기 의를 세우려고 한다면 그것은 우상 숭배다, 우리는 경쟁력 있는 유능한 사람으로 확인받고 싶어 하는데, 아비멜렉에게서 본 것같이 그것은 다만 폭력과 비극을 부를 뿐이다, 라는 깨달음입니다.

성경이 우리에게 가르치는 하나님의 자녀라는 정체성은 어떤 것일까요? 하나님의 자녀라는 우리의 정체성은 하나님이 누구시냐는 근거 위에 세워지는 것입니다. 하나님에게 사랑을 받고 안겨 하나님이라는 존재 위에 서 있어야만 비로소 인간은 진정한 정체성을 지니게 됩니다. 이것이 성경이 하고 싶은 이야기입니다.

질문하기

1.

요담 우화의 핵심 주제는 무엇입니까?

2.

아비멜렉 사건은 무엇을 보여 주고 있습니까?

3.

성경이 우리에게 가르치는 하나님의 자녀라는 우리의 정체성은 어떤 근거 위에 세워집니까?

나누기

우리의 정체성을 하나님이 아닌 다른 것에서 찾으려고 할 때 어떤 일이 벌어질지 함께 나누어 봅시다.

입다_
모순마저 품은 은혜

1 에브라임 사람들이 모여 북쪽으로 가서 입다에게 이르되 네가 암몬 자
손과 싸우러 건너갈 때에 어찌하여 우리를 불러 너와 함께 가게 하지 아
니하였느냐 우리가 반드시 너와 네 집을 불사르리라 하니 2 입다가 그
들에게 이르되 나와 내 백성이 암몬 자손과 크게 싸울 때에 내가 너희
를 부르되 너희가 나를 그들의 손에서 구원하지 아니한 고로 3 나는 너
희가 도와 주지 아니하는 것을 보고 내 목숨을 돌보지 아니하고 건너가
서 암몬 자손을 쳤더니 여호와께서 그들을 내 손에 넘겨 주셨거늘 너희
가 어찌하여 오늘 내게 올라와서 나와 더불어 싸우고자 하느냐 하니라
4 입다가 길르앗 사람을 다 모으고 에브라임과 싸웠으며 길르앗 사람들
이 에브라임을 쳐서 무찔렀으니 이는 에브라임의 말이 너희 길르앗 사람
은 본래 에브라임에서 도망한 자로서 에브라임과 므낫세 중에 있다 하였
음이라 5 길르앗 사람이 에브라임 사람보다 앞서 요단 강 나루턱을 장
악하고 에브라임 사람의 도망하는 자가 말하기를 청하건대 나를 건너가
게 하라 하면 길르앗 사람이 그에게 묻기를 네가 에브라임 사람이냐 하

08

여 그가 만일 아니라 하면 **6** 그에게 이르기를 쉽볼렛이라 발음하라 하
여 에브라임 사람이 그렇게 바로 말하지 못하고 십볼렛이라 발음하면 길
르앗 사람이 곧 그를 잡아서 요단 강 나루턱에서 죽였더라 그 때에 에브
라임 사람의 죽은 자가 사만 이천 명이었더라 **7** 입다가 이스라엘의 사
사가 된 지 육 년이라 길르앗 사람 입다가 죽으매 길르앗에 있는 그의
성읍에 장사되었더라 (삿 12 : 1 – 7)

입다의 배경

사사 입다는 길르앗이 기생에게서 낳은 아들입니다. 길르앗은 인명이기도 하고 지명이기도 합니다. 길르앗이라는 사람의 이름을 따서 나중에 그 지방의 이름으로 삼았기 때문입니다. 사사기 9장에서 본 아비멜렉은 서자였는데, 입다는 그보다 지위가 더 낮다고 볼 수 있습니다. 그래서 길르앗 본처의 아들들이 입다를 내쫓습니다. 아버지의 기업을 나눠 줄 수 없다는 것이 이유였습니다. 쫓겨난 입다는 그의 이복형제들을 피하여 돕 땅에 거주하게 되는데, 잡류 곧 건달패가 모여들어 그를 따라다닙니다.

입다의 행적을 평가하고 그의 인물됨을 이해하기란 사실 만만하지 않습니다. 입다를 모범적 인물로 볼 것인지 아니면 실패한 인물로 볼 것인지를 판단하기가 쉽지 않기 때문입니다. 이런 두 모습 모두 입다의 행적 속에 들어 있습니다. 입다를 이해하기 전에 먼저 기억할 점은 그는 억울한 형편에 처한 사람이라는 것입니다. 우선 출신이 미천합니다. 그리고 사는 내내 뿌리칠 수도 끌어안을 수도 없는, 별다른 대책이 없는 인생에 묶여 있습니다. 건달패가 입다에게 모여든 것은 입다의 처지가 자기네와 방불했기 때문일 것입니다. 달리 갈 데가 없어서 입다에게 모였을 것입니다. 예전에 거지들이 굴다리 밑에 모이듯이 말입니다.

그러던 어느 날 암몬 자손이 이스라엘을 쳐들어옵니다. 입다를 몰아낸 길르앗의 적자들이나 다른 유지들은 이 외적을 막아내지 못합니다. 다급해진 길르앗의 장로들이 방도를 구하다가 입다에게까지 찾아옵니다. 길르앗의 기득권자들이 책임을 다하지 못한 것입니다. 이런 사실로 미루어 입다는 아마 걸출한 인물이었던 것으로 보입니다.

입다를 찾아온 장로들은 "와서 우리의 지휘관이 되어 주십시오. 그러면 우리가 암몬 사람을 막아 낼 수 있을 것입니다"라고 요청합니다. 입다는 "나를 쫓아낼 때는 언제고, 이제 와서 나와 상관없는 일에 나서 달라고 하는가? 왜 내가 이 일에 책임을 져야 하는가?"라고 답합니다. 장로들이 다시 간청합니다. "당신이 우리와 함께 가서 암몬 자손과 싸운다면 당신은 길르앗의 통치자가 될 것입니다." 입다가 다시 묻습니다. "정말이오? 여호와께서 내게 승리를 주시면 당신들은 정녕 나를 통치자로 삼을 것이란 말이오?" 장로들은 다짐합니다. "여호와의 사심을 두고 맹세합니다. 그렇게 하겠습니다."

입다는 장로들의 간곡한 요청을 받아들여 전투에 나섭니다. 그가 기꺼이 나설 수 있었던 것은 자신의 인생을 건달패와 어울려 다니면서 허비할 수는 없었기 때문일 것입니다. 기회는 주어졌고 선택의 여지는 없습니다. 그는 이 일로 자기 인생을 반전해 보고자 합니다. 그래서 서원합니다. 여호와께서 자기가 암몬 자손을 이기고 무사히 돌아오게 하시면, 가장 먼저 자기를 맞으러 나오는 사람을 여호와께 바치겠다고 말입니다.

모순으로 가득한 현실

전투에 나간 입다는 승리합니다. 이 승리와 서원 간에 어떤 연관이 있는지는 좀 더 깊이 생각해야 합니다. 사실 입다가 한 서원은 의도와 내용이 서로 모순됩니다. 입다는 여호와의 이름을 부르며 진정성을 갖고 서원하지만, 하나님이 요구하지도 않으신 아니, 하나님이 싫어하시는 내용으로 서원한 것입니다. 이 둘이 왜 모순되는지를 이해하기 위해 레위기 20장을 보겠습니다.

> 여호와께서 모세에게 말씀하여 이르시되 너는 이스라엘 자손에게 또 이르라 그가 이스라엘 자손이든지 이스라엘에 거류하는 거류민이든지 그의 자식을 몰렉에게 주면 반드시 죽이되 그 지방 사람이 돌로 칠 것이요 나도 그 사람에게 진노하여 그를 그의 백성 중에서 끊으리니 이는 그가 그의 자식을 몰렉에게 주어서 내 성소를 더럽히고 내 성호를 욕되게 하였음이라 (레 20:1–3)

몰렉에게 자식을 바치는 자는 반드시 죽이라고 합니다. 몰렉은 당시 가나안 지방에 있었던 우상인데, 이 우상을 섬기는 방법은 자식을 불에 태워 제물로 바치는 것이었습니다. 하나님이 이런 짓을 하는 자를 절대 살려 두지 말라고 하신 것은 가나안 원주민을 살려 두지 말라고 하신 것과 일맥상통합니다.

나는 공포의 하나님이 아니다, 나는 부도덕하지 않으며 너희에게 이런 행위를 요구하여 그에 보상해 주는 하나님이 아니다, 나는 은혜와 진리와 긍휼과 자비의 하나님이다, 그러니 몰렉에게 자식을 바치는 자를 절대 용납해서는 안 된다, 라는 말씀입니다. 그런데 입다가 이렇게 서원해 버린 것입니다.

'누구든지 내 집 문에서 먼저 나를 맞으러 나오는 사람을 번제물로 바치겠습니다'라니 얼마나 무서운 서원입니까. 그런데 이 서원의 내용이 얼마나 큰 죄인지 생각하기에 앞서 이런 행위를 금하는 하나님이 어떤 분이신지를 먼저 생각해야 합니다. 여호와는 공포의 하나님이 아니다, 그는 자비로운 하나님이다, 그는 긍휼이 풍성하신 분이다, 이 얼마나 다행인가, 천만다행이다, 하는 생각이 먼저 들어야 합니다.

한편 승리하고 돌아온 입다를 맞이한 것은 칭찬과 감사가 아니라 질시와 비난이었습니다. 에브라임 지파가 입다에게 덤벼듭니다. 에브라임은 대단히 큰 지파이고 나중에 북 왕국 이스라엘을 세운 우두머리 지파입니다. 이런 에브라임 지파에 비하면 길르앗은 조그마한 지방일 뿐입니다. 에브라임이 "너는 암몬 자손을 치러 건너갈 때 왜 우리를 불러 같이 가지 않았느냐?"라고 따집니다. 이 시비에는 무슨 뜻이 담겨 있을까요?

에브라임은 막상 입다가 암몬과 싸울 때는 모른 척 방관하고 있다가 입다의 승리로 전투가 끝나자 시샘하고 있습니다. 자신들의 정치적 입지가 흔들릴까 봐 입다를 치러 온 것입니다. 에브라임은 "네가 우리를 부르지 않았으니 너와 네 집을 불태워 버리겠다"라고 위협합니다. 사람을 불태우는 것은 몰렉에게 제사 지낼 때나 하는 일인데 말입니다. 입다의 이야기에는 이처럼 함께 있을 수 없는 일들이 한데 모여 있습니다. 모순으로 가득합니다. 그런데 이것은 우리의 현실이기도 합니다.

입다가 바로 그런 존재입니다. 그는 억울합니다. 비통합니다. 아무리 길르앗의 통치자가 된다고 해도 자기 딸을 번제로 바쳐야 한다면 무슨 즐거움과 감사가 있겠습니까. 그리고 이제 에브라임이 쳐들어옵니다. 입다는 얼마나 성질이 났는지 다 때려 쳐부수어 버렸다고 합니다. 길르앗 사람들이 여기에 동참합니다. 그들은 무엇 때문에 입다와 함께 성질을 부렸을까요? 사사기 12장 4절에 가 봅시다.

> 입다가 길르앗 사람을 다 모으고 에브라임과 싸웠으며 길르앗 사람들이 에브라임을 쳐서 무찔렀으니 이는 에브라임의 말이 너희 길르앗 사람은 본래 에브라임에서 도망한 자로서 에브라임과 므낫세 중에 있다 하였음이라 (삿 12 : 4)

길르앗이 에브라임에게 들은 말이 무엇입니까? '너희는 본래 우리 중에서 쫓겨난 자들이야. 도망간 놈들이야. 너희는 실패한 자들이야.' 이 얼마나 모욕적인 말입니까? 이 말에 입다와 길르앗 사람들이 있는 힘을 다해 달려들어 싸운 것입니다.

에브라임은 요단강 왼쪽에 있고 길르앗은 요단강 오른쪽에 있습니다. 이 싸움에서 길르앗 사람들은 에브라임보다 앞서 요단강 나루턱을 차지합니다. 강을 건너려면 배를 타야 하는데, 이 길목을 길르앗 사람들이 먼저 막고 선 것입니다. 거기서 도망치는 에브라임 사람들을 잡으려는 속셈인 것입니다. 강을 건너가게 해 달라는 사람이 나타나면 그를 붙잡아 에브라임 사람이 아닌지를 묻습니다. 에브라임 사람이 아니라고 하면 '쉽볼렛'이라는 단어를 발음해 보게 합니다. 그 단어를 제대로 발음하지 못하고 '십볼렛'이라고 하면, 길르앗 사람들이 그를 죽입니다. 왜 이렇게 죽이기까지 해야 하는 심각한 싸움이 된 것일까요? 에브라임의 도발에 성질이 나기도 하고 스스로의 인생이 비통하기도 해서 길르앗 사람도, 입다도 이렇게까지 한 것입니다.

은혜 안에 있는 입다

그런데 성경은 입다를 사사로 소개하여 그의 행적을 기록하고 있습니다. 더 나아가 히브리서 11장에는 위대한 믿음의 선조에 입다의 이름이 들어가 있기까지 합니다. 정작 입다 자신은 자기 인생을 납득하지도 자랑하지도 못했을 텐데 말입니다. 그러나 이런 인생을 살아간 사람도 있으니 우리에게 위로가 되는 것입니다. 하나님이 여기까지, 이런 인생까지 당신의 품에 안고 계시다고 성경에 기록해 놓은 것입니다. 이런 처지, 이런 인생도 헛되지 않으며 하나님의 은혜 안에 있다고 입다의 인생이 증언해 주고 있습니다. 고린도전서 1장에 가 봅시다.

> 십자가의 도가 멸망하는 자들에게는 미련한 것이요 구원을 받는 우리에게는 하나님의 능력이라 기록된 바 내가 지혜 있는 자들의 지혜를 멸하고 총명한 자들의 총명을 폐하리라 하였으니 지혜 있는 자가 어디 있느냐 선비가 어디 있느냐 이 세대에 변론가가 어디 있느냐 하나님이 이 세상의 지혜를 미련하게 하신 것이 아니냐 하나님의 지혜에 있어서는 이 세상이 자기 지혜로 하나님을 알지 못하므로 하나님이 전도의 미련한 것으로 믿는 자들을 구원하시기를 기뻐하셨도다 (고전 1:18-21)

반복해서 나오는 단어가 있습니다. 바로 '미련함'입니다. 18절을 보면, 십자가의 도가 멸망하는 자들에게는 미련한 것이라고 합니다. 20절을 보면, 하나님이 이 세상의 지혜를 미련하게 하셨다고 하고, 21절에서는 하나님이 전도의 미련한 것으로 구원하기를 기뻐하신다고 말씀합니다.

흔히 '미련함'이라고 하면 똑똑하지 못한 것을 떠올립니다. 그러나 초대교회에서 이야기하는 '미련함'은 '말이 되지 않는 것'이라는 뜻입니다. 십자가의 도는 미련한 것, 곧 말이 되지 않는 것입니다. 그러나 하나님의 구원이 이 십자가로 이루어집니다. 놀라운 반전입니다.

하나님은 후회스럽고 억울하고 낙심되고 절망뿐인 우리 인생에 반전이 있다고 하십니다. 잘 살고 힘 있어서 모두가 납득하는 인생을 사는 것, 그런 인생을 사는 것을 전부로 여기도록 놔두지 않겠다고 하십니다. 우리 인생을 그것으로 끝나게 하지 않겠다고 하십니다.

이 세상이 주는 것 때문에 늘 평안하다고 말하는 사람들은 다 사기꾼입니다. 지위와 부를 가진 사람들에게 물어보십시오. 인생이 평안하다고 대답하는 사람은 아무도 없습니다. 이 세상의 것으로는 영혼의 평안을 얻을 수 없기 때문입니다. 성공해 보십시오. 성공과 지위를 가지면 책임이 따를 뿐 자랑할 틈이 없습니다. 자랑하는 건 바보들뿐입니다. 명예도 다 짐이 될 뿐입니다. 성공이나 명예를 누리게 되는 자리는 책임이 주어지는 곳이지 권리가 주어지는 곳이 아닙니다.

답이 있는 인생은 없습니다. 평생을 현실에 시달리며 겁내고 전전긍긍하고 사는 것이 우리 모두의 인생입니다. 아닌 척하며 살 뿐입니다. 그러니 '저 사람에게는 답이 있나 보다'라고 생각한다면 그것은 성경을 읽을 줄 모르는 것입니다. 성경은 인생의 진실을 고발하고 있습니다. 또한 하나님의 진정성을 소개하고 있습니다. 그러니 각자가 성경 앞에 서서 대답하십시오. 이 진실 앞에 대답해야 합니다.

질문하기

1.

입다의 행적을 판단하기 어려운 이유는 무엇입니까?

2.

히브리서 11장의 위대한 믿음의 선조에는 입다의 이름이 들어가 있기까지 합니다. 이러한 기록으로 알 수 있는 입다의 인생은 우리에게 무엇을 증언해 줍니까?

3.

십자가의 도가 미련하다는 말(고전 1:18-21)에서 '미련함'은 어떤 뜻입니까?

나누기

미련한 것으로 일하시는 하나님을 경험한 적이 있다면 나누어 봅시다.

삼손_
보복을 넘어선 묶임

27 그 집에는 남녀가 가득하니 블레셋 모든 방백들도 거기에 있고 지붕
에 있는 남녀도 삼천 명 가량이라 다 삼손이 재주 부리는 것을 보더라
28 삼손이 여호와께 부르짖어 이르되 주 여호와여 구하옵나니 나를 생
각하옵소서 하나님이여 구하옵나니 이번만 나를 강하게 하사 나의 두 눈
을 뺀 블레셋 사람에게 원수를 단번에 갚게 하옵소서 하고 29 삼손이 집
을 버틴 두 기둥 가운데 하나는 왼손으로 하나는 오른손으로 껴 의지하고
30 삼손이 이르되 블레셋 사람과 함께 죽기를 원하노라 하고 힘을 다하
여 몸을 굽히매 그 집이 곧 무너져 그 안에 있는 모든 방백들과 온 백성
에게 덮이니 삼손이 죽을 때에 죽인 자가 살았을 때에 죽인 자보다 더욱
많았더라 31 그의 형제와 아버지의 온 집이 다 내려가서 그의 시체를 가
지고 올라가서 소라와 에스다올 사이 그의 아버지 마노아의 장지에 장사
하니라 삼손이 이스라엘의 사사로 이십 년 동안 지냈더라 (삿 16 : 27 – 31)

09

체념과 반발

사사기에 행적이 많이 소개된 사사를 대(大)사사라 부릅니다. 드보라, 기드온, 입다, 삼손이 여기에 속합니다. 이 중에서도 사사기의 가장 많은 장이 할애된 사사는 삼손입니다. 사사기는 총 스물한 장인데, 삼손의 생애와 행적이 무려 네 장에 걸쳐 소개되어 있습니다.

삼손에 대한 그 많은 기록은 하나같이 그가 다만 소모하고 마는 허망한 삶을 살았다는 것을 보여 줍니다. 삼손의 일생은 크게 세 가지 사건과 얽혀 있는데, 모두 여성과 관계있는 일입니다. 처음에는 딤나에 내려가 블레셋 여자와 결혼한 일, 다음에는 가사의 기생에게 들어간 일, 마지막은 들릴라의 유혹에 넘어간 일입니다. 들릴라와의 관계에서 비롯한 본문 말씀의 사건은 삼손의 최후와 함께 많은 사람이 죽게 된 사실을 그리고 있습니다.

삼손은 들릴라의 유혹과 거짓말에 넘어가 머리가 깎이고 두

눈이 뽑힌 채 블레셋의 노예가 됩니다. 블레셋의 통치자들은 오랜 원수였던 삼손을 사로잡게 된 것을 기뻐하여 자기들의 신 다곤에게 큰 제사를 바치려고 모입니다. 그들은 흥을 돋우기 위해 잔치 자리로 삼손을 불러들여 기둥 사이에 삼손을 세워놓고 재주를 부리게 합니다. 이때 삼손이 이렇게 기도합니다. "하나님, 이번 한 번만 힘을 주셔서 내 두 눈을 뽑은 원수들을 단번에 죽일 수 있게 해 주옵소서." 그리고 그는 두 기둥을 붙들어 쓰러트립니다.

이날 삼손이 죽으면서 죽인 사람의 수가 그가 살았을 때 죽인 사람의 수보다 더 많았다고 성경은 전합니다. 그가 나귀 턱뼈로 죽인 사람만 해도 천 명이었고, 여우 삼백 마리를 잡아 그 꼬리에 횃불을 매달아 불을 지른 사건에서도 꽤 많은 사람이 죽었을 것입니다. 그런데 이 신전에서의 사건으로 이전보다 많은 사람이 죽었다고 합니다. 27절에서 보듯 옥상에 있는 사람들만 해도 삼천 명이라고 했으니, 아마도 이 신전은 지금의 대형 경기장에 버금가는 규모였던 것으로 추측됩니다. 이곳에서 삼손은 극적인 최후를 맞게 됩니다.

삼손의 최후를 보면 일단 누구나 통쾌함을 느낄 것입니다. 막판에 속이 후련하게 원한을 갚고 장렬하게 삶을 마친 삼손의 모습 때문입니다. 그런데 이 통쾌함은 그저 유쾌하기만 한 것이 아닙니다. 이 통쾌함 뒤에는 오히려 비통함이 감돕니다. 우리가 느끼는 이 비통함은 어디서 오는 것일까요?

삼손은 성경에 출생 기사가 소개된 몇 안 되는 인물 중 하나입니다. 그는 모태에서부터 나실인으로 선택되어 좋은 것들을 많이 받고 태어난 사람입니다. 그토록 많은 것을 받은 이가 이렇게 비참한 최후를 맞게 되었다니, 하는 탄식이 나올 만합니다. 그러니 그의 말로를 보며 비통함을 느끼는 것도 당연합니다.

삼손은 태어나면서부터 하나님에게서 좋은 것들을 받아 누린 사람입니다. 그는 무척 강한 사람으로 소개되는데, 비단 힘만 센 것이 아니라 여러 면에서 우월했을 것입니다. 그런데 이런 삼손에게 모자란 것이 있었으니 바로 자신의 정체성에 대한 이해, 곧 소명 의식입니다. 삼손은 자신의 지위에 부여된 책임을 전혀 의식하지 못했습니다. 인생을 허비하며 마음 내키는 대로 마구 살다가 결국 이런 최후를 맞이한 것입니다.

삼손의 죽음을 보며 우리가 비통함을 느끼는 데는 더 심오한 이유가 있습니다. 삼손에게서 인간이라는 존재의 비극을 보기 때문입니다. 어찌 보면 그는 결국 그렇게 죽을 수밖에 없었을 것이라는 생각이 듭니다. 삼손이 그렇게 죽지 않고 빌빌대며 살다가 늙어 죽었다면 꼴이 더 우스웠을 것입니다. 이렇게 우리는 삼손의 죽음에 공감합니다. 인생은 원래 그런 것이라고 생각하기 때문입니다.

이런 공감의 밑바탕에는 씁쓸한 체념이 자리 잡고 있습니다. 인생에는 반전이 일어날 가능성이 없다는 좌절입니다. 이런 체념을 공감하기에 우리는 삼손의 죽음에서 인류 보편의 비극을 봅니다. 한편 인생에 대한 이런 체념에는 하나님에 대한 반발도 함께 들어 있습니다. 하나님, 그렇게 요란하게 시작하시더니 고작 이것입니까, 하는 반발입니다. 삼손의 최후를 보면서 알 수 있듯 성경은 삼손과 같은 걸출한 인물을 소개하면서도 기이한 영웅담에 초점을 맞추고 있지 않습니다. 오히려 모두가 깊이 공감할 수 있는 생애를 보여 주며 그 결말을 이야기하고 있습니다.

이런 성경의 의도와 달리 이 이야기를 대하는 우리는 삼손이 영웅이었으면 좋겠다고 생각합니다. 인간에게서 어떤 실낱같은 희망이나 가능성을 발견하고 싶기 때문입니다. 하지만 이런 우리의 기대를 저버린 채 삼손은 허망하게 죽고 맙니다. 우리가 더 이상 그를 영웅이라고 치켜세울 수 없게 말입니다. 이런 죽음을 보며 아무리 힘이 세어 봤자 필경 최후는 마찬가지 아니냐, 여기저기 휘둘리는 인생을 살다가 결국 허무하게 죽는 것 아니냐, 하는 회의가 생겨날 뿐입니다. 삼손의 이야기를 비통하게 여기는 이유입니다.

여기서 우리는 삼손은 도대체 뭡니까, 그리고 우리는 대체 뭡니까, 라고 하나님 앞에 묻고 싶어집니다. 그러나 성경이 우리에게 묻고 있습니다. "그러니 너희는 무엇이냐?" 이런 비통한 이야기에 분노하는 것은 우리만이 아닙니다. 하나님이 분노하고 계십니다. 성경을 통해서 하나님은 우리에게 당신의 분노를 보여 주고 계십니다. 우리는 삼손의 죽음에서 이것을 읽어 내야 합니다. 그러지 못하면 우리는 여전히 우리에게 익숙한 윤리나 이해의 범주에 갇혀 성경이 말하고자 하는 더 깊은 주제로 나아가지 못하게 됩니다.

하나님은 왜 이런 역사를 허락하셨으며 왜 이것을 기록하게 하셨을까요? 사사기는 아무런 변명이나 교훈도 곁들이지 않은 채 사실을 담담히 써 내려가고 있습니다. 사사기는 그 속에 담긴 비극을 무심하게 기술할 뿐입니다. 그런데도 이런 서술이 힘을 갖는 것은 아무도 외면할 수 없는 인간의 현실과 인생의 진실이 그 속에 들어 있기 때문입니다. 우리 모두가 사사기와 동일한 현실을 살고 있습니다.

삼손의 죽음에 대해 성경이 말하고 싶은 것은 무엇일까요? 삼손은 사는 내내 누구에게도 책임감이 없었던 사람으로 보입니다. 자기 하나 죽어 버리면 끝인 인생을 살았습니다. 이것이 삼손의 죽음에서뿐만 아니라 모든 인생에서 드러나는 가장 허망한 내용입니다. 자기 하나 죽으면 그만인 인생, 자기 하나 죽으면 그동안 누렸던 복도, 지고 있던 짐도 끝나 버리는 인생을 그리고 있습니다. 그런데 이 죽음마저도 결국 보복하는 것 말고는 다른 대책이 없어서 내린 결론이었습니다. 달리 어떤 가능성과 대안을 찾지 못한 인생이 여기 증언되어 있습니다. 아무와도 상관없는 죽음, 자신의 죽음으로 모두와의 관계를 끊어 버리는 죽음, 삼손은 그런 인생을 살아온 것입니다.

신약 시대를 사는 우리에게는 예수를 믿는 기독교 신앙의 핵심이 바로 여기에서 선명히 드러납니다. 예수의 죽음은 삼손의 죽음과 극명한 대조를 보입니다. 예수의 죽음은 모두와의 관계를 끊어 내는 죽음이 아니라 당신과 우리를 묶어 내어 우리를 살리는 죽음이기 때문입니다.

여전히 우리는 삼손의 인생과 죽음을 우리 현실에서도 마찬가지로 확인합니다. 그러나 바로 이 현실 속에서 하나님은 우리를 살려 내고 이기게 하십니다. 예수 안에서 그리하십니다. 예수의 죽음은 살리자는 죽음입니다. 우리는 예수의 죽음에서 우리와 당신을 묶으시는 하나님의 일하심을 봅니다. 그분의 성실함과 거룩함이 예수의 죽음에서 체현되어 하나님이 누구신가 하는 진실의 구체성과 무게를 봅니다. 로마서 4장으로 가서 이 문제를 좀 더 깊이 생각해 봅시다.

> 예수는 우리가 범죄한 것 때문에 내줌이 되고 또한 우리를 의롭다 하시기 위하여 살아나셨느니라 (롬 4:25)

자주 듣는 말씀이라서 충분히 이해했다고 생각하기 쉬운 구절인데, 삼손을 염두에 두고 이 구절을 생각해 봅시다. 삼손의 최후를 알고서 그의 인생을 바라보면 그는 헛되게 살려고 그 많은 은사를 받은 것에 불과합니다. 그는 죽고 죽이는 데 자신의 인생을 소모했을 뿐입니다. 타인과 묶이지 않은 채 자기 하나 죽는 것으로 끝난 허망한 삶입니다. 이런 삶은 다른 사람과 아무 상관이 없는 삶입니다.

그러나 예수는 우리 죄를 위하여 자신을 내어 주시고 우리를 살리기 위하여 다시 살아나셨습니다. 우리와 묶이기 위하여 우리의 죽음의 자리까지 찾아오셨습니다. 그렇게 우리의 삶과 운명에 당신을 묶으신 것입니다. 이것이 기독교 복음입니다.

우리는 삼손에게서 인생의 헛됨을 봅니다. 하나님 없이 사는 인생이 어떤 것인지 봅니다. 기껏해야 자신의 선택과 행위대로 보상을 받을 뿐입니다. 그 보상이란 자기를 위해 다른 이들을 죽이고 자기도 죽는 것입니다. 그런 인생에는 참다운 기대도, 위대한 명예로 나아갈 길도 없습니다. 로마서 8장에 가 봅시다.

> 내가 확신하노니 사망이나 생명이나 천사들이나 권세자들이나 현재 일이나 장래 일이나 능력이나 높음이나 깊음이나 다른 어떤 피조물이라도 우리를 우리 주 그리스도 예수 안에 있는 하나님의 사랑에서 끊을 수 없으리라 (롬 8:38-39)

이 말씀은 막연한 기대와 희망을 말하고 있지 않습니다. 진심으로 말했다고 해서, 확신한다고 단언했다고 해서 확신의 근거와 힘이 생기는 것이 아닙니다. 확신의 근거는 오직 예수입니다. 예수는 누구입니까? 우리의 자리와 운명, 우리의 조건과 현실에 찾아오셔서 우리가 도망가 버린 자리, 우리가 자멸한 자리까지 쫓아 들어오신 분입니다. 우리의 운명과 선택에 당신을 묶어 버리신 하나님의 구체적이고 역사적인 증언이 바로 예수입니다.

사실 우리에게는 이런 이야깃거리밖에 없습니다. 우리가 가진 원망스러운 조건, 하소연할 누군가를 만나기만 하면 언제라도 바로 쏟아 낼 수 있는 온갖 불평, 나는 이렇고 우리 집은 누구 때문에 이렇게 되어 그런 억울한 일이 생겼다는 사연만 있을 뿐입니다.

그러나 예수 안에 들어오면 알게 됩니다. 우리의 무지와 잘못된 선택 속에서 예수의 필요를 알지 못하고 또한 알고도 행하지 못했던 모든 시대와 경우 속에서 하나님은 언제나 우리와 당신을 묶고 계셨다는 사실을 말입니다. 고통과 상처 외에는 아무것도 만들 수 없는 우리의 자리, 헛된 원망만 품게 되는 그 자리에 하나님이 들어와 계시다는 것을 알게 됩니다. 심지어 우리가 만들어 낸 최악의 결론인 필멸(必滅), 사망, 죽어 버리고 마는 자리까지 하나님이 찾아오신 것입니다. 여기까지 찾아오신 하나님을 증언하는 분이 바로 예수입니다.

우리는 다시 묻고 싶을 것입니다. 그런데도 우리 현실은 왜 이러냐고 말입니다. 왜 그럴까요? 묶여 있기 때문입니다. 하나님이 만드시는 '나'라는 존재는 나 하나 잘되면 그만인 삶이 아니기 때문입니다. 사방에서 받는 오해와 질시, 공포와 의심, 경쟁과 긴장이 없는 세상으로 떠나 버리면 그만일까요? 그렇지 않습니다. 그렇게 해서는 답이 되지 않습니다. 이보다 위대한 신자의 삶을 멋지게 살아 내야 합니다.

우리가 꿈꾸는 것은 나를 귀찮게 할 사람이 아무도 없는 섬에 가서 나 혼자 마음 편하게 사는 삶일 겁니다. 그런데 아무리 무인도라고 해도 컴퓨터나 마트가 없다면 상상하기도 싫습니다. 묶여 있기도 싫고 불편하게 살기도 싫은 것입니다. 이런 식의 생각이 삼손에게 있습니다. 그래서 그가 도달한 자리가 어디입니까? 원하는 대로 살다가 결국 모든 것을 죽음에 몰아넣고 마는 자리입니다. 그렇게 허덕이다가 인생을 끝마칩니다.

우리에게 주어진 인생은 그런 허덕거림으로 끝내서는 안 되는 인생입니다. 우리가 누구에게 묶여 있듯이 우리도 누구를 묶고 있습니다. 이것이 우리의 삶입니다. 묶여 있는 우리의 삶에 대해 성경은 이렇게 가르칩니다. 부모라서 할 수 있었던, 자식이기에 할 수 있었던, 버틸 사람이 나 하나뿐이라서 어쩔 수 없이 해야만 했던 바로 그 일이 우리에게 가장 위대한 조건이 된다고 말입니다. 세상의 기준으로 보면 아무것도 할 수 없다고 하는 실패의 조건 속에 있을지라도 위대하게 쓰일 수 있다고 성경은 말합니다. 하나님이 당신의 영광을 예수로 말미암아 증명하기를 가장 기뻐하셨듯이 한계에 불과하다고 생각하는 우리의 조건들도 그렇게 사용하실 수 있습니다.

질문하기

1.

삼손에 대한 성경의 기록은 무엇을 보여 줍니까?

2.

삼손의 죽음을 보며 우리는 왜 비통함을 느낍니까?

3.

예수의 죽음과 삼손의 죽음이 보이는 극명한 대조는 무엇입니까?

나누기

버틸 사람이 나 하나뿐이라서 어쩔 수 없이 해야만 했던 바로 그 상황이 나에게 가장 위대한 조건으로 작용했던 일을 경험한 적이 있다면 함께 나누어 봅시다.

미가_
타성과 안일을 깨트리시다

1 에브라임 산지에 미가라 이름하는 사람이 있더니 **2** 그의 어머니에게
이르되 어머니께서 은 천백을 잃어버리셨으므로 저주하시고 내 귀에도
말씀하셨더니 보소서 그 은이 내게 있나이다 내가 그것을 가졌나이다 하
니 그의 어머니가 이르되 내 아들이 여호와께 복 받기를 원하노라 하니
라 **3** 미가가 은 천백을 그의 어머니에게 도로 주매 그의 어머니가 이르
되 내가 내 아들을 위하여 한 신상을 새기며 한 신상을 부어 만들기 위
해 내 손에서 이 은을 여호와께 거룩히 드리노라 그러므로 내가 이제 이
은을 네게 도로 주리라 **4** 미가가 그 은을 그의 어머니에게 도로 주었으
므로 어머니가 그 은 이백을 가져다 은장색에게 주어 한 신상을 새기고
한 신상을 부어 만들었더니 그 신상이 미가의 집에 있더라 **5** 그 사람
미가에게 신당이 있으므로 그가 에봇과 드라빔을 만들고 한 아들을 세워
그의 제사장으로 삼았더라 **6** 그 때에는 이스라엘에 왕이 없었으므로 사
람마다 자기 소견에 옳은 대로 행하였더라 (삿 17 : 1 – 6)

10

사사 시대의 난맥상

사사기 17장부터는 사사 시대의 사회상이 기록되어 있습니다. 16장까지는 이스라엘 백성의 반복되는 실패와 거기에 개입하시는 하나님의 일하심이 사사들의 활동을 중심으로 서술되어 있다면, 17장부터 마지막 장인 21장까지는 당시 이스라엘 나라 구석구석까지 스며든 사회상을 보여 주고 있습니다. 읽어 보아도 별로 교훈이 될 만한 것이 없는 난맥상이 펼쳐지는데, 이제껏 그랬듯 사사기는 무심한 어조로 서술되어 있습니다. 본문 말씀의 미가 이야기에도 이런 난맥상이 잘 드러나 있습니다.

미가는 이스라엘 중부 지방에 거주하던 에브라임 지파의 사람입니다. 어느 날 그는 어머니의 돈 은 천백을 훔칩니다. 미가의 어머니는 돈을 훔쳐간 사람이 자기 아들인 줄도 모른 채 자기 돈을 훔친 자를 저주합니다. 그런데 미가가 "어머니, 사실 제가 그 돈을 가지고 갔습니다"라고 실토합니다. 이 말을 들은 미가의 어머니는 "내 아들 참 기특하다. 이처럼 네가 정직하니 여호와께 복을 받도록 이 돈으로 신상을 만들겠다"라며 좋아합니다. 그리고 그 돈의 일부를 떼어 신상을 만들고 미가의 집에 둡니다. 이런 연유로 미가의 신당에 드라빔이 놓이게 됩니다. 또 미가는 제사장이 입는 에봇도 마련해 신당에 모셔 둡니다. 드라빔과 에봇을 갖추었으니 이제 여호와께서 복을 주실 것이라고 믿으면서 말입니다.

한편 유다 지파에 속한 베들레헴에 거주하던 레위인 청년 하나가 미가의 집을 지나게 됩니다. 살던 곳을 떠나 거할 곳을 찾아다니던 중 에브라임 산간 지방에 자리한 미가의 집에 이른 것입니다. 미가는 그 청년에게 어디서 오는 길인지 묻습니다. 그러자 청년은 거할 곳을 찾아다니는 레위 사람이라며 자신의 신원을 밝힙니다. 이 말을 들은 미가는 자기 집에 함께 살면서 아버지와 제사장이 되어 달라고 요청합니다. 그러면 해마다 은 열을 주고 필요한 옷과 먹을 것을 제공해 주겠다고 제안합니다. 레위 청년은 미가의 제안을 만족스럽게 여기고 수락하여 미가 집안의 제사장이 됩니다.

성막 봉사를 맡은 레위 지파는 원래 기업을 분배받지 못하는 지파입니다. 성막 봉사는 레위 지파의 책임이자 동시에 생계 방편이었습니다. 그러나 사사 시대의 분위기로 미루어 레위인들이 생계를 제대로 보장받기는 어려웠을 것이라고 짐작할 수 있습니다. 아마 이 레위인 청년도 이래저래 살 방도를 찾아 길을 떠난 것 같습니다. 한편 제사장은 본래 아론의 후손만이 될 수 있었습니다. 그런데 18장에서 보듯 이 청년은 아론의 후손이 아니라 모세의 후손입니다. 그런데도 그는 기꺼이 제사장이 되기로 합니다. 미가는 자기가 레위 사람을 제사장으로 삼았으니 틀림없이 여호와께 복을 받을 것이라고 생각합니다.

18장으로 넘어가 봅시다. 당시는 단 지파가 정착할 곳을 찾던 중이었는데, 단 지파 전체는 아니고 일부만 그랬던 것 같습니다. 인원이 많지 않았던 단 지파는 가나안 족속을 다 몰아내지 못하여 자기네에게 분배된 땅을 다 차지하지는 못했습니다. 그래서 정탐꾼 다섯을 앞서 보내 살 만한 곳을 찾기로 합니다. 단 지파 사람들이 정탐하러 다니던 중 에브라임을 지나게 되었고, 이윽고 미가의 집에 이르게 됩니다.

미가의 집 가까이에 이르렀을 때 그 집에 거주하는 청년의 말투가 다르다는 것을 알아차립니다. 에브라임 사람들의 말투가 좀 다르다는 것은 사사 입다의 이야기에서도 나온 적이 있습니다. 레위 청년의 말투를 알아챈 그 정탐꾼들은 그가 어떻게 이곳에 이르게 되었는지, 여기서 무슨 일을 하는지 묻습니다. 청년이 미가의 집에 머무르게 된 경위를 설명하자 그들은 자기네가 가는 길이 성공할 것인지에 대한 여부를 하나님에게 물어봐 달라고 부탁합니다. 그는 하나님이 단 지파 사람들을 인도하실 것이니 평안히 가라고 일러 줍니다.

제사장이 일러 준 형통한 전망을 듣고 길을 떠났던 단 지파 정탐꾼들은 라이스라는 성읍을 발견합니다. 그 땅의 사람들이 부족함 없이 평화롭게 사는 것을 보자 단 지파 정탐꾼들은 돌아가서 지파 사람들을 다 불러 모아 정탐 결과를 보고하면서 넓고 평안해 보이는 그 땅을 빨리 차지하자고 합니다. 이에 육백 명의 정예군이 무기를 들고 출전합니다. 성읍을 탈취하러 가는데 군사가 육백 명 정도라면 성의 규모가 그리 컸던 것 같지는 않습니다.

이 정예군이 미가의 집에 이르렀는데 이번에는 미가의 집에서 제사장과 드라빔과 에봇을 빼앗습니다. 그리고서 계속 진군합니다. 미가와 이웃집 사람들이 이를 알고 쫓아와 왜 자기네 신상과 제사장을 빼앗아 가느냐고 항의합니다. 이에 단 지파 사람이 말합니다. "더 이상 아무 말 말고 가만히 있는 게 좋을 거요. 이 사람들이 성이 나서 당신들을 치고 당신과 당신 가족의 생명을 빼앗을까 염려되오." 미가는 상대가 자기보다 강한 것을 알고 발길을 돌려 집으로 돌아갑니다.

단 지파 사람들도 가던 길을 계속 갑니다. 그들은 평안히 살고 있던 라이스를 완전히 도륙한 후 그 땅을 차지합니다. 그곳 성읍의 이름을 라이스에서 단으로 바꾸고 이후 포로로 잡혀갈 때까지 잘 먹고 잘 살았다고 기록되어 있습니다.

타성에 젖어 있는 이스라엘

사사기는 어떤 시각으로 읽어야 할까요? 이스라엘 백성이 우상을 섬기면 하나님이 와서 벌하시고 위기에 빠진 이스라엘이 하나님에게 부르짖으면 구원해 주셨는데, 이스라엘은 평안해지면 다시 죄를 짓곤 했다, 이런 이야기만 반복되는 것은 아닙니다. 본문 말씀과 연결해서 보면 사사기가 궁극적으로 하고 싶은 이야기는 이스라엘 사람들이 평안하게 잘 살고 있는 것을 하나님이 오셔서 깨우시는 이야기임을 알 수 있습니다. 평안하게 잘 사는 것이 전부가 아니라는 것입니다.

'하나님을 버리고 우상을 섬겼으므로'라는 표현은 단지 그들이 하나님이 아닌 다른 신을 섬긴 행위만을 가리키는 것이 아닙니다. 그들의 삶을 말하는 것입니다. 그들이 다른 신을 섬기자 무슨 일이 일어났습니까? 다른 신을 섬겼을 때 오히려 그들의 삶은 평안했습니다. 이런 평안하고 만족스러운 삶을 하나님이 깨트리러 들어오시는 것이 사사기가 전하고 싶은 주제입니다. 이스라엘 백성은 타성에 젖어 살고 있었습니다. 우리가 흔히 쓰는 표현으로 매너리즘에 빠진 것입니다. 이 매너리즘은 '관료주의' 정도로 풀어 볼 수 있는데, 이 단어의 사전적 의미는 관료 사회에 만연해 있는 독선적, 형식적, 획일적, 억압적 행동 양식이나 사고방식을 가리킵니다.

본문 말씀이 하는 이야기는 인간은 금방 관료화된다는 것입니다. 관료화된다는 것이 무슨 말일까요? 하나님이 인간에게 잘 다스리라고 세상을 맡겼는데 인간은 하나님의 창조 사역에 동참하는 사명을 거부하고 창조물 속에 숨어 버린 것입니다. 그렇게 자신의 정체성을 잊고 살아가면서 이것이 인생의 전부라고 생각합니다. 그런데 하나님이 와서 이것을 깨트리시는 것입니다. 본문에서는 타성에 젖어 살아가는 예로 라이스 백성을 소개하고 있습니다. 사사기 18장을 봅시다.

> 이에 다섯 사람이 떠나 라이스에 이르러 거기 있는 백성을 본즉 염려 없이 거주하며 시돈 사람들이 사는 것처럼 평온하며 안전

하니 그 땅에는 부족한 것이 없으며 부를 누리며 시돈 사람들과 거리가 멀고 어떤 사람과도 상종하지 아니함이라 (삿 18:7)

이것이 타성에 젖어 사는 모습입니다. 매너리즘에 빠진 것입니다. 염려 없이 평온하며 안전하게 살고 있으니 다른 소원이 없습니다. 우상을 섬기는 것은 단지 하나님 말고 다른 신을 부르는 정도의 간단한 문제가 아닙니다. 우상을 섬기는 것은 하나님이 목적하신 정체성과 책임에서 떠나 있는 것을 말합니다. 하나님이 목적하신 정체성, 하나님의 영광을 지닌 백성으로서의 정체성에 대한 이해가 없는 것입니다. 그저 평안하게 사는 것이 인생의 전부입니다. 그러자 하나님이 이런 삶을 깨트리십니다. 이것이 사사기 내내 계속되는 싸움입니다.

이스라엘 백성은 무엇을 하고 있었습니까? 라이스 백성과 똑같이 살고 있었습니다. 그들에게는 편안한 삶이 전부입니다. 무엇을 더 바라겠습니까. 이런 당시의 사회상을 잘 드러내 주는 자가 미가입니다. 그런데 매너리즘에 빠지지 않고 자신의 진정한 정체성을 이해하며 산다는 것은 사실 만만치 않은 문제입니다.

이스라엘은 처음부터 멋진 정체성을 약속받은 민족입니다. 그들의 정체성은 제사장 나라로 사는 것입니다. 그런데 이 점을 놓치게 되자 그저 하루를 별 탈 없이 넘어가는 것 외에 아무 소원이 없게 됩니다.

자신의 진정한 정체성을 잊고 사는 일은 비단 이스라엘에만 있는 일이 아닙니다. 인류 역사 내내 반복되어 온 일입니다. 세상은 자기 이익을 지키는 일 밖에는 할 줄 아는 것이 없습니다. 단지파가 라이스를 점령하듯이, 부족한 것 없이 편하게 살고 있었던 라이스가 약탈당하듯이 우리의 진정한 정체성을 이해하지 못하면 우리는 뺏고 빼앗기는 짓 외에는 다른 삶의 방식을 알지 못합니다.

본문 말씀에서도 이런 모습을 만납니다. 사사기 17장과 18장에서 드러나는 삶의 태도는 기만과 폭력입니다. 사사 시대의 중요한 특징입니다. 기만은 속이는 것입니다. 자신을 속여 자신의 책임을 외면하는 것입니다 폭력은 힘으로 빼앗고 빼앗기는 싸움에서 필요한 것입니다. 사사 시대의 이스라엘은 기만과 폭력이라는 방법 외에는 살아가는 이유와 삶의 명예와 가치를 알지 못합니다. 본문은 이 점을 지적하고 있습니다. 그렇다고 사사기를 읽고 "이스라엘은 정말 한심하구나"라고 지적하는 데 그쳐서는 안 됩니다. 타인을 비난하고 지적하는 것으로는 자신의 정체성이 확인되지 않기 때문입니다. 그것은 자신의 진정한 정체성이 아닙니다.

먼저 자신이 누구인지를 깨달아야 합니다. 우리는 신약의 성도이기에 예수가 오시고 그 후에 우리에게까지 이른 하나님의 일하심을 알고 있습니다. 이런 우리가 구약을 들여다보면 이스라엘은 정말 한심하기 짝이 없습니다. 그들은 밤낮 왜 이럴까 싶습니다. 그러나 "왜 이럴까?"라는 질문을 우리 자신에게 먼저 던져야 합니다.

우리는 무엇을 위해 기도합니까? 평안하게 사는 것 말고 무슨 간구를 할 줄 압니까? 아무 탈 없이 하루를 보내는 정도를 넘어서는 기도 제목을 가지고 있습니까? 안심과 편안함만으로는 설명되지 않는 가치를 알고 있습니까? 무엇이 우리를 미가나 라이스 백성보다 낫다고 여기게 합니까? 우리의 정체성이 미가를 비난하는 것 외에 다른 적극적인 내용을 담고 있지 않다면 우리는 어리석은 사람들입니다. 각자의 정체성은 적극적인 내용을 만드는 데 있으며 그것을 위해서 인생이라는 구체적 현장을 살아내야만 한다는 것을 기억하십시오. 이 사실을 모른 채 남의 이야기를 듣고 비평만 하는 심사위원으로 살아가서는 안 됩니다.

구약에서 이스라엘을 다루셨던 바로 그 하나님이 당신의 목적을 위해 구체적인 시간과 공간 속에 우리를 보내셨다는 사실을 기억해야 합니다. 그렇지 않으면 이스라엘 백성이 제사장 나라로 부름을 받았으나 감당하지 못한 것같이, 사사기에 나온 이스라엘 백성이 가나안 땅을 허락받았으나 원래 감당해야 하는 책임을 하나도 완수하지 못하고 남을 약탈하여 자신의 존재와 생명을 유지하려 했던 것같이 우리도 그런 어리석은 일을 반복하게 됩니다. 그러니 우리가 예수를 믿는다고 하면서도 하나님의 창조에 동참하여 그분의 넉넉하심을 드러내고 영광과 자랑을 만드는 일에 여전히 실패하고 있다는 사실 앞에 서야 합니다.

질문하기

1.

미가는 왜 자신이 틀림없이 여호와께 복을 받을 것이라고 생각했습니까?

2.

우상을 섬기는 것은 하나님 말고 다른 신을 부르는 정도를 넘어선 어떤 일입니까?

3.

사사 시대의 중요한 특징으로 사사기 17장과 18장에서 드러나는 삶의 태도는 무엇입니까?

나누기

나 자신이 평안하게 사는 것을 넘어서 '우리가 지향해야 할 기도 제목'이 무엇인지 나누어 봅시다.

미스바 총회_
모순과 비극을 보라

1 이스라엘 사람들이 미스바에서 맹세하여 이르기를 우리 중에 누구든
지 딸을 베냐민 사람에게 아내로 주지 아니하리라 하였더라 **2** 백성이 벧
엘에 이르러 거기서 저녁까지 하나님 앞에 앉아서 큰 소리로 울며 **3** 이
르되 이스라엘의 하나님 여호와여 어찌하여 이스라엘에 이런 일이 생겨
서 오늘 이스라엘 중에 한 지파가 없어지게 하시나이까 하더니 **4** 이튿날
에 백성이 일찍이 일어나 거기에 한 제단을 쌓고 번제와 화목제를 드렸
더라 **5** 이스라엘 자손이 이르되 이스라엘 온 지파 중에 총회와 함께 하
여 여호와 앞에 올라오지 아니한 자가 누구냐 하니 이는 그들이 크게 맹
세하기를 미스바에 와서 여호와 앞에 이르지 아니하는 자는 반드시 죽
일 것이라 하였음이라 **6** 이스라엘 자손이 그들의 형제 베냐민을 위하
여 뉘우쳐 이르되 오늘 이스라엘 중에 한 지파가 끊어졌도다 **7** 그 남은
자들에게 우리가 어떻게 하면 아내를 얻게 하리요 우리가 전에 여호와
로 맹세하여 우리의 딸을 그들의 아내로 주지 아니하리라 하였도다 (삿
21 : 1 – 7)

11

미스바에 모인 이스라엘

본문 말씀은 사사기 20장에 기록된 끔찍한 사건의 처리를 위해 모인 미스바 총회의 마지막 모습을 그리고 있습니다. 한 레위인의 첩이 기브아에서 불량배들에 의해 죽는 일이 발생했습니다. 이에 격분한 그 레위인이 첩의 시체를 열두 토막으로 잘라 각 지파에 보냈고, 이를 받은 이스라엘 지파들이 들고 일어났습니다. 어떻게 우리에게 이런 일이 있을 수 있단 말인가 하여 이 일을 바로잡기 위해 미스바에 총회로 모였던 것입니다.

기브아는 베냐민 지파에 속했고 베냐민 지파는 열두 지파 중 하나입니다. 이스라엘 사람들이 베냐민 지파에게 레위인의 첩을 죽인 범죄자들을 내놓으라고 하나, 베냐민 지파는 거부합니다. 그리하여 이스라엘 열한 지파의 동맹군과 베냐민 지파가 싸우게 됩니다. 당연히 전력의 차이가 있을 수밖에 없는 상황입니다. 이스라엘 지파의 동맹군은 그 수가 사십만 명이었고 베냐민 지파에서 나온 용사의 수는 이만 육천 칠백 명이었습니다.

베냐민 지파는 이스라엘 지파 동맹군에 비하면 소수에 불과합니다. 그런데도 이스라엘 지파 동맹군은 베냐민 지파에게 연이어 두 번 패하고 세 번째 전투에 가서야 이기게 됩니다. 이 전세를 몰아 이스라엘 동맹군이 끝까지 추격하자, 베냐민 지파의 남은 병사들은 림몬 바위가 있는 골짜기까지 도망가서 숨어 버립니다. 다시 베냐민 지파의 땅으로 돌아온 동맹군은 기브아를 비롯한 베냐민의 모든 성읍을 불태워 지파 전체를 도륙합니다. 그런데 전투를 마치고 보니 이제 한 지파가 없어지게 된 사실을 비로소 깨닫습니다.

이스라엘 지파가 미스바 총회에 모인 일차 목적은 범죄를 제거하는 데 있었습니다. 그러던 중에 자신들의 정체성을 확인하게 됩니다. 이스라엘에 다시는 이런 범죄가 있어서는 안 된다, 왜냐하면 우리는 거룩한 백성이기 때문이다, 우리는 하나님을 섬기는 백성이다, 라는 사실을 확인합니다. 전투가 끝나고 보니 범죄에 대한 응징은 잘 마무리된 것 같은데, 지파 하나가 없어지게 되었습니다. 그래서 이스라엘은 울부짖습니다. "하나님, 우리가 힘을 다하여 죄악은 제거했는데 그렇게 하다 보니 베냐민 지파 하나가 없어지게 되었습니다. 이 일을 어떻게 하면 좋겠습니까?"

하나님은 이스라엘의 울부짖음에 대하여 아무런 답을 하지 않으십니다. 그러자 이들은 이제 어떻게 해야 하나 하며 걱정하기 시작합니다. 본문의 정황을 보면 베냐민 지파가 전멸한 것을 알 수 있습니다. 살아남은 사람이라곤 고작 림몬 바위 골짜기에 도망가 있는 패잔병이 전부입니다. 이제 베냐민 지파는 대가 끊기게 된 것입니다. 그러자 새로운 걱정거리가 생겼습니다. 어떻게 해야 이 지파의 대를 잇게 할까, 우리 모두 베냐민 족속에게는 딸을 시집보내지 않기로 맹세했으니 어쩌면 좋을까 하며 걱정합니다. 이들은 남아 있는 베냐민 지파 남자들에게 아내를 얻어 줄 궁리를 합니다.

그러다가 미스바 총회에 불참한 지파가 있는지 조사하기 시작합니다. 그랬더니 야베스 길르앗의 주민이 참석하지 않은 사실이 드러납니다. 그들은 한 사람도 진으로 오지 않았고 미스바 집회에도 참석하지 않았던 것입니다. 이에 회중은 가장 용감한 군인 만 이천 명을 야베스 길르앗으로 보냅니다. 이 용사들은 결혼한 여자와 남자, 그리고 아이는 다 죽이고 사백 명의 처녀를 얻어 옵니다. 그리하여 이 사백 명을 림몬 바위에 숨어 있던 베냐민 사람들에게 아내로 줍니다.

그래도 아직 수가 부족하자, 궁리 끝에 매년 실로에서 벌어지는 축제를 떠올립니다. 해마다 실로에서는 하나님을 경배하는 축제가 열렸는데 베냐민 사람들더러 그 축제에 숨어 있다가 처녀들을 업고 도망가라고 지시합니다. 만일 이 일 때문에 납치된 처녀의 가족이 항의해 오면 이는 다 베냐민 지파를 살려 내기 위해서 이스라엘 전체가 암묵적으로 동의한 끝에 벌어진 일이니 그냥 봐주십시오, 라고 대신 답해 주기로 합니다. 이 이야기로 사사기는 막을 내립니다.

무슨 이런 내용이 있을까 싶을 만큼 사사기는 정신이 없습니다. 그래서 이 부분을 읽는 독자들은 실망하기도 합니다. 대개 성경에는 지당하고 은혜로운 말씀만 있을 것이라고 기대하기 때문에 이런 실망은 당연해 보입니다. 게다가 사사기에는 읽고 나서 '아멘'이라고 화답할 부분이 한 군데도 없습니다. 아멘은 고사하고 이 사람들은 대체 왜 그랬을까 하며 지적해 주고 싶습니다.

미스바 총회에 모인 이스라엘 백성들은 자신들의 정체성과 책임을 뼈저리게 통감합니다. 그들은 울며 통곡합니다. 하나님을 향한 그들의 열심은 자기 동족의 아이들까지 진멸하는 행동으로 드러나게 됩니다. 그리고 안으로는 심장이 녹아내리는 것 같은 눈물이 있습니다.

우리가 보기에 이들은 좀 정신 나간 사람들 같습니다. 구약과 신약의 역사를 잘 알고 있는 우리는 이런 해결책은 잘못된 것이며 하나님이 이런 일을 의도하셨을 리 없다는 것을 금방 알아차릴 수 있습니다. 그런데도 사사기는 왜 해설이나 평가도 덧붙이지 않고 이런 사건들을 나열해 놓았을까요? 아무런 교훈적 가르침마저 언급하지 않고 말입니다.

이는 이스라엘이 이렇게 행동한 의도가 분명하기 때문입니다. 하나님이 이 사건을 보이시며 말씀하고 계십니다. 그들이 가진 명분을 보아라, 마땅한 일을 대하는 그들의 이해를 보아라, 그들의 진심을 보아라, 그리하여 진실을 직시하라, 이렇게 말씀하는 것입니다.

이 일의 진실이 무엇입니까? 이스라엘이 만들어낸 것이 무엇입니까? 폭력을 행사하고 분노를 폭발하여 응징한 것으로 도대체 무슨 유익을 끼칩니까? 하나님을 믿는 자에게 주어진 진정한 정체성이 여기 담겨 있습니까? 너희가 내세운 명분과 너희의 깊은 진심이 만들어 내는 모순과 비극을 보아라, 사사기는 이렇게 이야기하고 있습니다.

이것은 인류 역사 내내 반복되어 온 이야기입니다. 스스로 옳다고 생각하는 일을 이루기 위해, 세상에 평화를 가져다줄 것이라고 확신하는 일을 이루기 위해, 역사 내내 인류가 쓴 방법은 폭력과 기만 외에는 아무것도 없습니다. 말로 해서는 듣지 않고 설득도 통하지 않으니 결국 폭력을 동원한 것입니다. 아마 선택의 여지가 없어서 그리했을 것입니다. 그런데 폭력을 동원하면 문제가 해결되는 것이 아니라 오히려 원한과 비극만 남더라는 것을 증언하고 있습니다.

공포가 아닌 명예

우리는 각각 다른 조건, 다른 정황 속에 사는 서로 다른 인생이지만 우리 모두 직면하는 도전은 같습니다. 하나님을 알고 있는가, 그분의 위대하심을 아는가, 그분이 우리에게 어떤 자유를 주셨는지 아는가에 대한 것입니다. 세상에는 답이 없으나 우리에게는 답이 있습니다. 우리만이 답을 알고 있습니다.

이 도전에 쉽게 응할 수 있는 사람은 없습니다. 그러나 우리의 영혼 깊은 곳에서 이 도전에 응하여 성령의 길을 선택해야 합니다. 매일 만나는 일상에서 이 도전에 응하여 실력을 쌓으며 살다가 주일에 모이는 것입니다. 그런데 주일에 잠깐 힘을 얻을 뿐 다시 돌아간 일상에서는 다만 소모되고 견디고 마는 인생이라면 예배는 짧을수록 좋을 것입니다. 그렇게 가장하며 사는 것은 한계가 있기 때문입니다. 잠수도 겨우 몇 분밖에 할 수 없는 것처럼 와서 그럴듯한 표정을 짓고 앉아 있는 것도 몇 분밖에 할 수 없을 것입니다. 그것보다 더 나아가야 합니다.

예배드리고 기도하고 찬송을 불러 얻는 유익이 전부가 아닙니다. 우리의 일상은 하나님이 우리를 친히 데리고 들어간 훈련장입니다. 죽을 것 같은 자리, 아무도 몰라주는 억울한 자리, 턱없는 싸움의 자리입니다. "나보고 어떻게 하라고?"라는 비명이 쏟아져 나오는 일들이 우리를 다집니다. 그래, 그래 봤자 죽기밖에 더하겠어, 이왕 죽기로 했으면 멋있게 죽어야지, 하는 자리까지 가게 될 것입니다. 그 자리까지 가야만 합니다.

이런 자리까지 가기로 결단했다면 무엇이 겁납니까. 죽음도 뒤집을 수 있다는데 무엇을 겁내겠습니까. 하나님이 어디에나 은혜를 담을 수 있다는데 무엇이 두렵습니까? 다른 사람에게 보여 주기 전에 각자의 삶에서 차고 넘치십시오. 우리 스스로 그런 그릇이 되어야 합니다.

지금도 기억나는 일화가 있습니다. 젊은 시절에 친구들과 함께 수락산에 올라간 적이 있습니다. 정상에 오른 것이 저 스스로 기특해서 "야호! 대한민국 만세!" 하며 소리치고 있는데 뒤에서 누가 말을 겁니다. "학생들, 떡 사 먹어." 할머니 한 분이 말을 붙인 것입니다. 깜짝 놀랐습니다. 한가득 떡 광주리를 이고 올라와서 팔고 계셨던 것입니다. 에베레스트에 오른 것 같은 의기양양한 표정을 짓고 있다가 할머니의 모습을 보자 그만 무색해졌습니다.

하나님이 일하고 계십니다. 우리 하나만 독립투사처럼 홀로 외롭게 싸우고 있지 않습니다. 돌아보십시오. 산 위에 무수한 떡장수 할머니들과 짐 나르는 할아버지들이 계십니다. 하나님이 일하고 계십니다. 그러니 겁내지 마십시오. 갈라디아서 5장은 이런 구절로 끝납니다.

> 그리스도 예수의 사람들은 육체와 함께 그 정욕과 탐심을 십자가에 못 박았느니라 만일 우리가 성령으로 살면 또한 성령으로 행할지니 헛된 영광을 구하여 서로 노엽게 하거나 서로 투기하지 말지니라 (갈 5:24-26)

그렇습니다. 여기는 강제력이 필요한 자리가 아닙니다. 그러니 폭력이 동원되어야 할 이유가 없습니다. 각각 누릴 복이 있는 자리입니다. 예수 믿는 자들만이 누릴 수 있는 복이 여기 있습니다. 하나님이 우리 아버지이시기 때문입니다. 그런 아버지가 계시니 우리 생애 속에서 당위, 진심, 현실을 묶어 내어 웃을 수 있습니다. 때로는 울기도 할 것입니다. 왜 울까요? 셋을 합칠 방법이 없어서입니다. 명분과 진심과 현실을 묶을 방법이 없어서입니다.

우리는 하나님에게 종종 이렇게 항의합니다. '하나님, 왜 이러십니까. 저는 순교까지 각오하고 있는데 왜 현실은 이따위입니까.' 여기에 하나님이 답하십니다. '네가 죽어 나가라. 선교하러 간다고 설치지 말고 여기서 죽어 나가라.' 그러면 우리는 자존심을 내세우며 '하나님, 시시한 일상에서 쩔쩔매기보다 차라리 선교지에 가서 장렬하게 죽겠습니다'라며 반항합니다. 하지만 하나님은 거듭 말씀하십니다. '아니다. 지금 네 자리에서 죽어 나가라.' 지금 우리가 있는 이 자리가 선교지이며 하나님과 함께 일하는 위대한 자리입니다. 이 점을 잊지 마십시오.

하나님의 공평한 일하심과 매일 더 깊이 찾아오시는 성실하심 앞에서 눈을 떠 하루하루의 은혜를 담아내십시오. 그리하여 우리 삶이 공포가 아니라 명예라는 사실을 아는 인생을 살아가십시오.

질문하기

1.

이스라엘 백성이 미스바 총회에 모인 목적은 무엇입니까?

2.

이스라엘이 폭력적 방식으로 문제를 해결하려고 한 사건을 보이시며 하나님은 어떤 말씀을 하고 계십니까?

3.

우리가 있는 자리가 강제력이나 폭력이 동원되어야 할 필요가 없는 이유는 무엇입니까?

나누기

우리의 삶에서 '산 위에 있는 떡장수 할머니들과 짐 나르는 할아버지들'과 같은 존재가 누구였는지 생각해 봅시다.

질문과 답

01 • 가나안_삶의 조건

1. 사사기의 설정은 무엇입니까?

이스라엘 백성이 하나님의 구원과 인도를 받아 약속의 땅에 들어갔다, 애굽의 노예로 살던 이스라엘 백성은 이제 자유인이 되어 처음으로 선택이라는 것을 하게 되었다는 것입니다. (10쪽)

2. 이스라엘 백성을 선민으로 세우신 것과 하나님의 보편적 정의를 구현하는 일은 어떻게 연결됩니까?

하나님은 먼저 이스라엘에게 하나님의 뜻을 가르쳐 그들로 하나님의 손길이 되게 하십니다. 그리고 이들을 통해 모든 인류가 하나님의 의로우심을 깨달아 그분의 뜻을 따르게 하십니다. (12쪽)

3. 사사기가 우리를 위해 기록하고 증언하는 것은 무엇입니까?

하나님이 무엇을 하시며 어떻게 일하시는가, 그 일하심 아래에 있는 우리의 생애가 얼마나 소중한가, 우리에게 허락하신 삶의 조건이 얼마나 충분한가를 증언하고 있습니다. (16쪽)

02 • 사사의 날들_본문을 담아내는 시간

1. 사사기의 컨텍스트는 무엇입니까?

하나님은 약속하신 대로 이스라엘 백성을 가나안에 들어가게 하셨다. 가나안에 들어간 이스라엘 백성들에게 하나님이 명령하신 것은 가나안 민족들을 진멸하고 하나님 나라를 세우라는 것이었다. 그런데 이스라엘은 그렇게 하지 않았다. 이 실패의 책임은 전적으로 이스라엘 백성에게 있었다. 라는 것입니다. (23쪽)

2. 하나님은 인간에게 본문을 담기 위해 무엇을 주셨습니까?

시간, 자유 (24, 25쪽)

3. 자유는 우리에 대해 무엇을 증언하고 있습니까?

우리의 신분과 정체, 곧 사랑과 믿음을 나누는 대등한 관계로 하나님이 부르시는 존재라고 말하고 있습니다. (27, 28쪽)

03 • 옷니엘_배신을 수용하시다

1. 사사기에서 이스라엘의 반복되는 실패를 거듭 기술하는 이유는 무엇입니까?

이스라엘의 반복되는 배신을 계속해서 수용하시는 하나님을 그리기 위해서입니다. (32쪽)

2. 진정한 자유는 언제 생겨납니까?

진리와 생명을 만드신 이에게 속할 때입니다. (37쪽)

3. 인간이 소원하는 자유는 어떻게 해야 누릴 수 있습니까?

선택해서 얻게 되는 것이 아니라 순종해서 누리는 것입니다. (37쪽)

04 • 에훗_하나님 웃으시다

1. 에훗이 에글론을 해치운 이야기를 해학을 넣어 그린 데에는 어떤 의도가 담겨 있습니까?

이스라엘을 괴롭히는 대적을 제거하는 일은 하나님에게 쉬운 일이며 하나님이 그다지 중요하게 여기시는 일이 아니라는 의미가 담겨 있습니다. (45쪽)

2. 하나님이 우리로 전쟁을 알게 하고 우리를 시험하시는 목적은 무엇입니까?

우리의 마음을 얻는 것입니다. (47쪽)

3. 하나님은 우리에게 다가오셔서 무엇을 이루려 하십니까?

하나님은 우리가 당신께 쓸모가 있거나 도움이 되기를 바라셔서 우리에게 다가오신 것이 아닙니다. 하나님은 우리의 아버지, 우리의 하나님이 되려 하십니다. (48, 49쪽)

05 • 드보라_이름 없는 자의 명예

1. 여인인 드보라가 사사로 세워진 일이 방증하는 그때의 형편은 무엇입니까?

'여자라도 나설 수밖에 없는' 지경입니다. (56쪽)

2. 시편 8편은 하나님이 어떤 이들을 통해 권능을 세우신다고 기록되어 있습니까?

어린아이와 젖먹이, 곧 아무 능력 없는 이들, 보호가 가장 필요한 이들을 통해서입니다. (57, 58쪽)

3. 보호의 대상에 불과했던 자들이 보호자로 나타나는 반전이 드러내 주는 것은 무엇입니까?

인류가 처한 상황이 하나님의 통치와 대조되는 정황과 운명 속에 있다는 것입니다. (59쪽)

06 • 기드온_에봇을 만들다

1. 기드온의 삼백 용사는 무엇을 드러내는 증거입니까?

그들이 얻은 승리가 결코 그들의 힘으로 말미암은 것이 아님을 드러내는 증거입니다. (64쪽)

2. 기드온이 에봇을 만든 이유는 무엇입니까?

하나님을 빙자하여 자신의 지위를 유지하고자 함입니다. (66쪽)

3. 미디안 때문에 여호와께 부르짖는 이스라엘의 소원에 대해 설명해 봅시다.

현실 문제의 해결만을 소원할 뿐 하나님의 백성으로 살고자 하는 소원은 없습니다. (70쪽)

07 • 아비멜렉_모두가 처한 자리

1. 요담 우화의 주제는 무엇입니까?

'자신의 진정한 정체성을 이해한 사람이라면 결코 왕이 되려 하지 않는다'는 것입니다. (77쪽)

2. 아비멜렉 사건은 무엇을 보여 주고 있습니까?

당시 이스라엘 사람들이 불의한 연합과 폭력으로 거둔 결과를 보여 줍니다. (79쪽)

3. 성경이 우리에게 가르치는 하나님의 자녀라는 우리의 정체성은 어떤 근거 위에 세워집니까?

하나님이 누구시냐는 근거 위에 세워집니다. (84쪽)

08 • 입다_모순마저 품은 은혜

1. 입다의 행적을 판단하기 어려운 이유는 무엇입니까?

입다에게는 모범적인 모습과 실패한 모습이 다 들어 있기 때문입니다. (88쪽)

2. 히브리서 11장의 위대한 믿음의 선조에는 입다의 이름이 들어가 있기까지 합니다. 이러한 기록으로 알 수있는 입다의 인생은 우리에게 무엇을 증언해 줍니까?

'이런 인생도 헛되지 않으며 하나님의 은혜 안에 있다'는 것입니다. (93쪽)

3. 십자가의 도가 미련하다는 말(고전 1:18-21)에서 '미련함'은 어떤 뜻입니까?

'말이 되지 않는 것'입니다. (94쪽)

09 • 삼손_보복을 넘어선 묶임

1. 삼손에 대한 성경의 기록은 무엇을 보여 줍니까?

그는 다만 소모하고 마는 허망한 삶을 살았다는 것입니다. (100쪽)

2. 삼손의 죽음을 보며 우리는 왜 비통함을 느낍니까?

삼손에게서 인간이라는 존재의 비극을 보기 때문입니다. (102쪽)

3. 예수의 죽음과 삼손의 죽음이 보이는 극명한 대조는 무엇입니까?

삼손의 죽음은 모두와의 관계를 끊어 내는 죽음이나, 예수의 죽음은 당신과 우리를 묶어 내어 우리를 살리는 죽음이라는 것입니다. (104, 105쪽)

10 • 미가_타성과 안일을 깨트리시다

1. 미가는 왜 자신이 틀림없이 여호와께 복을 받을 것이라고 생각했습니까?

레위 사람을 자신을 위한 제사장으로 삼았기 때문입니다. (114쪽)

2. 우상을 섬기는 것은 하나님 말고 다른 신을 부르는 정도를 넘어선 어떤 일입니까?

하나님이 목적하신 정체성과 책임에서 떠나 있는 것입니다. (117쪽)

3. 사사 시대의 중요한 특징으로 사사기 17장과 18장에서 드러나는 삶의 태도는 무엇입니까?

기만과 폭력입니다. (118쪽)

11 • 미스바 총회_모순과 비극을 보라

1. 이스라엘 백성이 미스바 총회에 모인 목적은 무엇입니까?

범죄를 제거하고 자신들의 정체성을 확인하는 것입니다. (125쪽)

2. 이스라엘이 폭력적 방식으로 문제를 해결하려고 한 사건을 보이시며 하나님은 어떤 말씀을 하고 계십니까?

'그들이 가진 명분을 보아라. 마땅한 일을 대하는 그들의 이해를 보아라. 그들의 진심을 보아라. 그리하여 진실을 직시하라'라고 하십니다. (127쪽)

3. 우리가 있는 자리가 강제력이나 폭력이 동원되어야 할 필요가 없는 이유는 무엇입니까?

하나님이 우리 아버지로 이 자리에 계시기에, 예수 믿는 자들만이 누릴 수 있는 복이 여기 있기 때문입니다. (130쪽)